Saim Rolf Alkan

1 × 1 für Online-Redakteure und Online-Texter

Einstieg in den Online-Journalismus

BusinessVillage

Update your Knowledge!

Saim Rolf Alkan

1 × 1 für Online-Redakteure und Online-Texter
Einstieg in den Online-Journalismus
Göttingen: BusinessVillage, 2009
ISBN 978-3-938358-92-4
© BusinessVillage GmbH, Göttingen

Bezugs- und Verlagsanschrift

BusinessVillage GmbH
Reinhäuser Landstraße 22
37083 Göttingen

Telefon: +49 (0)5 51 20 99-1 00
Fax: +49 (0)5 51 20 99-1 05
E-Mail: info@businessvillage.de
Web: www.businessvillage.de

Redaktion

Adela Schneider

Coverillustration

mediasolutions – lebendige medien
www.media-solutions.info

Layout und Satz

Sabine Kempke

Bestellnummern

PDF-eBook Bestellnummer EB-767
Druckausgabe Bestellnummer PB-767
ISBN 978-3-938358-92-4

Über den Autor

Nach seinem Studium zum Wirtschaftsingenieur war Saim Rolf Alkan 1990 einer der Mitbegründer der Werbeagentur SAHARA. Mit einem neuen Ansatz zur medienübergreifenden und abgestimmten Unternehmenskommunikation legte er 2001 den Grundstein für die Agentur „aexea communication.content.consulting" in Stuttgart, deren Geschäftsführer er ist. Online-Kommunikation, strategische Kommunikationsberatung, Corporate Publishing und Kommunikationscontrolling sind die Arbeitsfelder der Agentur, die seit 2007 auch von Leipzig aus agiert.

Saim Rolf Alkan analysiert und konzipiert Internet-, Intranet- und Extranet-Auftritte von Unternehmen, wobei er die Schwerpunkte vor allem auf die mediengerechte Aufbereitung von Content und die qualitätsorientierte Steuerung von Online-Redaktionen setzt. Ein besonderes Angebot ist die praxisnahe Ausbildung und Weiterbildung von Online-Redakteuren und Online-Textern sowie die begleitende Beratung von Online-Redaktionen. Zu seinen Kunden zählten und zählen unter anderem Daimler AG, RWE, Opel, Union Investment, Allianz und das Presse- und Informationsamt der Bundesregierung.

Seit Frühjahr 2006 gibt er halbjährlich zusammen mit Oliver Zschau von www.contentmanager.de die Content Studie heraus, die auf Basis der Befragung von Internet- und Intranet-Verantwortlichen die Praxis der Content-Produktion unter die Lupe nimmt. Daneben ist Saim Alkan auch Herausgeber der GOOD NEWS Stuttgart – einer Monatszeitung, die über gute Nachrichten aus Stuttgart berichtet.

Seine Kompetenz im Bereich der Online-Kommunikation gibt Alkan in seiner Tätigkeit als Dozent und Referent für Marketing, Werbung und Internet weiter. Daneben hat er mehrere Fachbücher über das Texten im Internet und Online-Journalismus veröffentlicht. Seit 2007 bloggt er auf text-gold.de über die Qualität von Online-Texten und über Themen rund um die Online-Redaktion. Den Blog seo-gold.de führt er seit 2009 mit dem Fokus auf der Suchmaschinenoptimierung.

Alkan hat mit LinguLab WLI eine Software zur Messung und Verbesserung von Textqualität entwickelt, die auf die spezifischen Anforderungen von Online-Texten abgestimmt ist. Der Web-Lesbarkeitsindex (WLI) prüft die Texte automatisch auf Verständlichkeit und Stil und unterstützt den Autor bei der Korrektur. LinguLab WLI vereint so einen sprachwissenschaftlichen Background mit einem praxisrelevanten Textmodell in einem Tool.

Saim Rolf Alkan
aexea – communication. content. consulting.
E-Mail: saim.alkan@aexea.de

1. Was ist Online-Journalismus? Alter Wein in Neuen Medien?

Das Besondere am Online-Journalisten

Die Techniken des Web 2.0 haben das Netz egalitär gemacht. Die Grenzen zwischen Leser und Autor lösen sich auf. Beinahe jeder kann im Netz veröffentlichen. Das macht es schwer zu sagen, wer ein Online-Journalist ist: Ist es ein Softwareentwickler, der für ein Magazin die neuesten Produkte bewertet? Ist es der Journalist oder die Hausfrau, die in ihren Weblogs über ihr Leben berichtet? Ist es die PR-Fachfrau einer großen Firma, die ihre Pressemitteilungen natürlich auch auf der Website veröffentlicht? Ist es der Mitarbeiter einer mittelständischen Firma, der die Texte für den Internet-Auftritt verfasst? Nicht für den Online-Journalismus-Experten Christoph Neuberger, der in seiner Analyse „Journalismus im Internet: Auf dem Weg zur Eigenständigkeit?" nur diejenigen dazuzählt, die für die Online-Ausgaben der Muttermedien produzieren, also etwa Artikel und Dossiers für Spiegel-Online oder www.ard.de verfassen.

So eng mag man die Grenzen in der Theorie ziehen können, in der Praxis ist dieser Ansatz kaum fruchtbar. Denn die im WWW publizierten Websites bestehen nur zu einem Bruchteil aus dergleichen rein journalistischen Angeboten, die im Umfeld der klassischen Medien entstanden sind. Übrig bleibt eine Vielzahl unterschiedlichster Angebote, von privaten Websites bis zu Webauftritten von Unternehmen, Vereinen und Verbänden, Shops oder Portale, die eine riesige Spannbreite von Inhalten bieten und die durchaus publizistischen Charakter besitzen – oder auch nicht. Gehören nun alle Phänomene im Netz zum „Online-Journalismus"? Das hieße, das andere Extrem einzuschlagen. Jeden, der etwas mit dem WWW zu tun hat, als „Online-Journalisten" zu bezeichnen, bedeutet, den Begriff so weit zu fassen, dass es nicht mehr möglich ist, ihn auch nur annähernd zu definieren.

Ein Weg, das Dilemma zu lösen, besteht darin, sich an der Tätigkeit zu orientieren, wie es der Deutsche Journalistenverband in seiner Definition für „Journalist" tut: „Journalist ist, wer hauptberuflich an der Verbreitung von Informationen, Meinungen und Unterhaltung über die Massenmedien beteiligt ist." Der Schwerpunkt liegt also auf „Information". Damit sind diejenigen, die Inhalte für Websites produzieren, eindeutig „Online-Journalisten". Zum selben Ergebnis kommt eine Untersuchung des Hans-Bredows-Instituts – eines der ältesten und renommiertesten Fachinstitute der Medienforschung in Deutschland. Danach werden einem Online-Journalisten beziehungsweise einem Online-Redakteur (als fest angestellter Online-Journalist) folgende Tätigkeiten zugeordnet: Verfassen und Redigieren von Texten, Aufbereiten von Content, Recherchieren in diversen Quellen, redaktionelle Organisation, Konzeption und Entwicklung von Online-Angeboten und Pflege der Inhalte. Also handelt es sich bei allen eingangs genannten Beispielen tatsächlich um Online-Journalisten!

In Stellenanzeigen ist die Berufsbezeichnung „Online-Journalist" oder „Online-Redakteur" nicht gerade zahlreich vertreten. Das liegt zum einen daran, dass Tätigkeitsfelder häufig differenziert und mit verschiedenen Berufsbezeichnungen belegt werden. So wird jemand, der vor allem mit den technischen Aspekten der Inhaltserstellung beschäftigt ist, in einer Anzeige wohl eher als „Web-Master" bezeichnet. Zum anderen lässt sich das Phänomen mit der Stellung der Online-Redaktion innerhalb eines Unternehmens erklären. Nur selten gibt es ein eigenständiges, festes Redaktionsteam, das in die Firmenstrukturen eingebunden ist. In den meisten Fällen ist die Betreuung der Website auf mehrere Abteilungen verteilt. So sind auch Online-Redakteure im Hauptberuf eher selten zu finden, meist laufen die Konzeption, die Textproduktion und Pflege der Online-Angebote neben anderen Aufgaben her – nicht selten ohne zusätzliche Ausbildung.

Medienkompetenz in der Praxis

An dieser Stelle stellt sich dann die Frage nach der Eignung für die Tätigkeit als Online-Journalist. Der Marketingfachmann kennt die Produkte, das Unternehmen und deren Zielgruppe sehr gut, ihm liegt es aber nicht, einen Text pointiert zu formulieren. Das fällt der Chefin der PR-Abteilung wiederum leicht, sie hat auch eine solide journalistische Ausbildung – allerdings im Print-Bereich. Videos und Weblogs? Setzt sie nicht so gerne ein, sie denkt im Seitenformat. Der Web-Master verfolgt die neuesten Trends im Netz, hat eine ausgefeilte Navigation und Userführung konzipiert, nur bei allem was thematisch über das WWW hinaus-geht, da ist er auf Anregung von außen angewiesen. Wer von ihnen wäre am ehesten geeignet?

Nehmen Sie alle Qualifikationen dieser Personen zusammen, dann haben Sie bereits wesentliche Fähigkeiten und Kenntnisse bestimmt, die sich im Begriff der „Medienkompetenz" bündeln und die notwendig sind, um bei der Produktion und Pflege eines Web-Angebots eine gewisse Qualität zu sichern. In einem Satz bedeutet das: Ein Online-Journalist verfügt über die nötige Medienkompetenz, wenn er die Besonderheiten des Mediums kennt, dazu mit den wichtigsten journalistischen Qualifikationen ausgestattet ist und beides angemessen kombinieren kann.

Was Sie in diesem Buch finden können

Genau hier setzt dieses Buch an, denn wir sind davon überzeugt, dass erst das Zusammenspiel beider Faktoren zu Qualität führen kann! Ein gut gemachter Artikel, der in einem Print-Magazin wie ein Magnet wirkt, kann in der Online-Ausgabe blass und uninteressant wirken. Genauso kann es passieren, dass bei einem Feature alle multimedialen Register gezogen werden und alle Leser weiterklicken, weil die Überschrift falsche Erwartungen weckt. Dabei ist für uns das wichtigste Qualitätskriterium die Ausrichtung auf den Leser – bildlich gesehen der Klebstoff, der die journalistischen Grundregeln mit den medienspezifischen Kenntnissen zusammenhält.

Deswegen geben wir Ihnen gleich zu Beginn einen kurzen Überblick über die besonderen Eigenschaften des Mediums und die wichtigsten Erwartungen und Verhaltensweisen der Leser, bevor wir uns dem Schreiben – dem Kernbereich der online-journalistischen Arbeit zuwenden:

Schreiben umfasst einen Prozess von der Idee bis zum fertig redigierten Artikel. Wir haben einige konkrete Arbeitsvorschläge für Sie – wie Sie etwa bei der Recherche Schritt für Schritt vorgehen können. Wir haben uns in einschlägigen Online-Magazinen umgeschaut, um Ihnen einige Beispiele für gute Webtext-Bausteine zu zeigen, und eine Reihe von Tipps und Checklisten als Stützen für die tägliche Arbeit zusammengestellt.

Die folgenden Kapitel sind stärker dem Visuellen und Konzeptionellen gewidmet. Hier ist ein wenig Theorie zum Thema Hypertext notwendig, denn sie hilft zu verstehen, was an Hyperlinks so besonders ist und wie eine Website aufgebaut werden muss, damit Ihre Leser die Übersicht nicht verlieren. Mit dem Storyboard ist auch die Planung einer komplexen Website einfach zu bewerkstelligen. Anschließend stellen wir Ihnen zwei neue Publikationsformen im Internet vor und hoffen, Sie lassen sich zu eigenen Experimenten beim Newsletter oder Weblog anregen. Als Intermezzo haben wir ein Kapitel eingefügt, das sich um Rechtsfragen bei der Online-Publikation dreht, weil Sie wissen müssen, welche Folgen ein falsch gesetzter Link haben kann!

Zum Schluss nehmen wir den Online-Journalisten und die Online-Redaktion noch einmal genauer unter die Lupe. Welche Anforderungen werden an einen Online-Journalisten gestellt? Um sein Profil zu schärfen und sein Arbeitsumfeld zu beleuchten, stellen wir Ihnen verwandte Berufe vor, die auch an den Prozessen in einer Redaktion beteiligt sein können. Betrachtet man die Kernprozesse der Content-Erstellung, so wird erneut deutlich, wie nah einerseits der Online-Journalismus dem klassischen Journalismus steht und wie sehr er andererseits mit den besonderen Produktionsbedingungen bereits seine eigene unabhängige Geschichte und eigene Standards und Traditionen entwickelt hat. Der Online-Journalismus hat seine eigenen Wege beschritten und steht so vor besonderen Herausforderungen und Schwierigkeiten.

2. Neues Medium – neuer Leser? Ein kurzer Überblick

Lesen am Bildschirm ist anders!

Wenn Sie Texte am Bildschirm lesen, lesen Sie völlig anders, als wenn Sie etwas Gedrucktes lesen. Sicher kennen Sie das aus eigener Erfahrung: Lange Texte am Bildschirm sind nicht sonderlich attraktiv. Das Internet ist praktisch, um einen kurzen Überblick oder wichtige Informationen zu bekommen, um ein Thema zu vertiefen, greifen Sie wahrscheinlich doch lieber zum Buch oder zur Zeitschrift.

Die Frage nach dem Lesen am Bildschirm ist so wichtig, weil es nicht möglich ist, einen Text im Web lesefreundlich zu gestalten, ohne zu wissen, welches Leserverhalten User an den Tag legen. Jakob Nielsen – im Netz als Usability-Guru bekannt – und John Morkes haben den User unter das Mikroskop gelegt: In drei Studien haben sie sich der grundlegenden Frage „Was will der User?" aus verschiedenen Perspektiven genähert.

Eine wichtige Erkenntnis dabei war, dass User nicht lesen, sondern scannen: Sie gehen den Text nicht Wort für Wort durch, vielmehr picken sie beim Querlesen einzelne hervorstechende Elemente heraus – wie etwa Überschriften oder Grafiken. Dabei nehmen sie zwischen 30 und 50 Prozent des Geschriebenen wahr, das reicht ihnen, um an die Informationen zu kommen, die sie wollen! Sie bevorzugen Seiten, die ihnen das Scannen erleichtern. Scannen wird einfacher, wenn …

- … Texte in Abschnitte und mit Überschriften und Zwischenüberschriften gegliedert sind.

- … Listen, Grafiken und fett gedruckte Wörter eine Seite übersichtlich einteilen.
- … Texte einfach und informell geschrieben sind. „Ich will nicht jedes Wort lesen. Bei formaler Schreibweise muss man jedes Wort lesen, und das hält auf", kommentierte ein User.

Dazu kommt, dass User keine langen Seiten mögen. Sie scrollen nicht gerne – außer wenn sie ganz genau wissen, was sie am Ende der Seite erwartet! Für die Konzeption eines Textes bedeutet das:

- Kurze Formen werden bevorzugt. Lieber mehrere kurze Artikel als einen langen! So kommen Sie auch dem Prinzip des Hypertextes entgegen.
- Wichtige Informationen sollten an den Anfang einer Seite. Ein User meinte dazu: „Ich mag die Möglichkeit, eine Zusammenfassung lesen zu können. Wenn ich interessiert bin, lese ich dann den ganzen Artikel."

Aber das Wichtigste bleibt der Inhalt: „Content is King in the User´s Mind", so formuliert es Nielsen. Der User ist an hochwertiger Unterhaltung, aufschlussreichen Informationen und Fakten interessiert, nicht an Werbung. Glaubwürdigkeit spielt eine große Rolle. Er schätzt es, wenn der Autor und die Informationsquellen eines Textes angegeben sind und er das Gefühl hat, dass das Thema sorgfältig recherchiert ist. Interessant ist, dass Links auf andere Seiten die Glaubwürdigkeit erhöhen. Dazu passt, dass ein sachlicher Ton bevorzugt wird, Humor ist mit Vorsicht zu genießen. Hier sind sich die User nicht einig, was wirklich witzig ist und was nicht.

▮ Geblendet – genervt und weg!

Den Online-Leser erwartet im Internet reichlich Unangenehmes: Während er durch das Licht des Monitors geblendet wird, versucht er unter großer geistiger Anstrengung die Navigation zu erfassen und dabei einen unscharfen Text zu verstehen. Was verlangen Sie da von Ihrem Online-Leser? Kein Autor erwartet von seinem Leser, ein Buch gegen die helle Sonne zu halten und dabei zu lesen. Jeder Buchleser wird einen halbschattigen Ort aufsuchen und Blendeffekte vermeiden.

Computermonitore leisten eine Bildauflösung von 72 dpi, Ihr 10 Jahre alter Laserdrucker leistet bereits 600 dpi – also ein achtmal schärferes Bild. Kaum ist Ihr Online-Dokument ausgedruckt, entdecken Sie die Tippfehler, die Ihnen bisher verborgen blieben. Und wenn Sie ein Magazin lesen, können Sie dank einer Auflösung von rund 2.500 dpi eine Schrift mit einer Größe von 9 Punkt sehr gut lesen, was Ihnen am Monitor nur unter großer Anstrengung möglich ist.

Verschiedene Untersuchungen zeigen, dass mit der einfachen Navigation in einem Magazin oder Buch (vorwärts und rückwärts blättern) mehr Energie für das Verstehen des Textes zur Verfügung steht. Nehmen wir allerdings die Maus in die Hand und navigieren auf einer Website, gehen bis zu 30 Prozent des geistigen Leistungsvermögens verloren! Dabei bleibt die Leselust auf der Strecke. Einziger Ausweg: Gehen Sie dem Leser doch ein Stück entgegen – sonst verlieren Sie ihn.

Von Texthappen und bunten Bildern

Das Web bietet für die Präsentation von Informationen eine Fülle von Gestaltungsmöglichkeiten, wobei die technischen Gegebenheiten neue Anforderungen an die Erzählformen stellen. Wie im vorherigen Abschnitt gezeigt, hat selbst der Bildschirm als Schnittstelle zwischen Präsentation und Nutzer Einfluss auf Leser und Text. Neue Dimensionen bietet die einfachere Einbindung von Bildern, Tönen, Videos und Grafiken in einen Text: Was schwer in Worte zu fassen ist, kann in Bildern oft leichter dargestellt werden. Eine wirkliche Verbindung zwischen den multimedialen Elementen einer Website erfordert aber oft eine neue Denkweise in der Konzeption von Inhalten: User wollen eine ansprechende, abwechslungsreiche und ästhetisch ausgereifte Präsentation von Inhalten. Und viele wollen sich virtuell beteiligen. User wollen das Zusammenspiel multimedialer und interaktiver Elemente. Der Texter muss seinen Text also in diesem komplexen Geflecht von Präsentations- und Partizipationsmöglichkeiten platzieren. Er bringt ihn in einen kohärenten inhaltlichen Zusammenhang mit Multimedia und verschiedenen Interaktionsformen. Der Texter reagiert auf die Interaktivität des Mediums auch mit einer „dialogischen" Sprache, wählt direkte Anrede und Frage-Antwort-Muster.

Wichtige Aspekte des webgerechten Schreibens

Das Internet bietet eine multimediale Fülle unkonventioneller Präsentationsformen und erlaubt, wie es scheint, größere Unbefangenheit und Kreativität beim Schreiben. Der Schein trügt. Texten im Internet ist nicht ohne Konventionen. Im Gegenteil: Auch im Internet haben Texte journalistischen

Standards zu genügen. So groß die Möglichkeiten der multimedialen Aufbereitung von Inhalten im Internet sind – die Texte selbst werden streng nach Konstruktionsprinzipien formatiert.

Schön wäre es, wenn der frischgebackene Web-Autor nun einfach einen einschlägigen Ratgeber für Journalisten zur Hand nehmen und die darin enthaltenen Ratschläge eins zu eins auf das Web übertragen könnte. Aber weit gefehlt! Mit dieser Strategie haben schon etliche Online-Ausgaben von Printmedien Missgunst bei den Usern geerntet. Die Standards journalistischer Arbeit lassen sich im Internet nicht ignorieren, sie lassen sich aber auch nicht unmodifiziert anwenden. Woran kann man sich also halten?

> **Das webgerechte Schreiben hat vier Dimensionen**
>
> - Der Text selbst, das Textmodul (Headline, Teaser und Fließtext), wird bearbeitet. Der Text wird modularisiert, in mehrere für sich stehende Informationseinheiten aufgebrochen und usergerecht konstruiert.
> - Webgerechtes Schreiben erfordert eine prägnant informierende Sprache.
> - Schreiben im Internet ist grafisches Schreiben, das die Scannbarkeit im Layout und in der Typografie von vornherein berücksichtigt.
> - Und es gilt, thematisch zusammenhängende Info-Module (darunter Textmodule) zu einem Hypertext zu verlinken. Texten im Internet ist also auch Hypertexten.

Weiterführende Literatur

www.useit.com
Die Homepage von Usability-Guru Jacob Nielsen mit vielen Studien, Artikeln und Nachrichten aus dem Bereich der Usability-Forschung.

Walter von La Roche
Einführung in den praktischen Journalismus. Leipzig 2004, 16. neubearbeitete Auflage. Dies ist ein Klassiker zu Grundlagen des journalistischen Arbeitens mit eigener Homepage: www.journalistische-praxis.de

3. Materialsuche: Recherchieren im Netz

Dieses Kapitel zeigt auf, welche journalistischen Arbeitsmethoden für das Verfassen von Web-Texten unverändert gelten und wo ein Online-Journalist sie an webspezifische Lesestrategien anpassen muss.

Was macht die Story zur Story?

„When a dog bites a man, that's not news, but when a man bites a dog, that's news." John B. Bogart, Lokalredakteur der „Sun", hat es schon 1980 treffend formuliert. Es lockt noch nicht einmal einen Hund hinter dem Ofen hervor, wenn ein Hund einen Mann beißt. Doch wenn ein Mann einen Hund beißt, ist das nicht mehr alltäglich. Und eine gute Story muss sich vom Alltäglichen unterscheiden, sie muss irgendwie ungewöhnlich sein. „News is what's different" – Eine Nachricht ist, was sich unterscheidet. Aktualität beziehungsweise Originalität ist also das erste Kriterium, das eine Story zur Story macht.

Ein weiteres Kriterium ist das der Relevanz für die Zielgruppe. Ist die Nachricht für Ihre Zielgruppe wirklich von Interesse? Welche Erwartungen hat sie an die Texte, die Sie auf Ihrer Website präsentieren? Ein Redakteur der Online-Medien hat das ebenso zu beachten wie ein Texter, der ein Unternehmen online präsentiert. Sie müssen sich in den User, den Sie gewinnen wollen, hineinversetzen: wenn Sie eine Story auswählen, wenn Sie sie als Textmodul konstruieren und wenn Sie entscheiden, welche Links eingebaut werden.

Bevor Sie also ein Thema webgerecht aufarbeiten, informieren Sie sich, was Ihrer Zielgruppe auf den Nägeln brennt, welche Bedürfnisse und Erwartungen sie hat. Ein probates Mittel, den Userinteressen auf den Grund zu gehen, sind Mailing-Lists und Newsletter. Hier tauschen User sich meist anonym über unterschiedlichste Themen aus. Ihre Beiträge spiegeln Zeitgeist, informieren über Einstellungen und Meinungen.

Überprüfen Sie beim Texten auch Ihre Wortwahl, Rubriken, Linksetzungen. Sind sie auf den User abgestimmt? Viele Website-Stories spiegeln interne „Schubladen" wider, Themenzuordnungen und Begrifflichkeiten. Für die interne Kommunikation sind diese Zuordnungen wichtig, den User interessieren sie nicht. Vielmehr: Er kann damit nichts anfangen. Er möchte finden, was er sucht, und dies nach ihm bekannten, nicht firmen- oder redaktionsspezifischen Kriterien. Dies sollten Sie beim Verfassen Ihrer Texte im Auge behalten.

Eine Web-Story wird für den User nicht allein deshalb interessant, weil sie außergewöhnlich und zielgruppenorientiert ist und von umfangreicher Hintergrundrecherche nur so strotzt. Das Interesse des Users fesseln Sie vor allem durch den userfreundlichen inhaltlichen Aufbau Ihrer Story. Den User für das Thema zu interessieren, ihn in das Thema einzuführen, von Absatz zu Absatz am Ball (vielmehr Bildschirm) zu halten und dabei auf den Punkt, die Kernbotschaft, zu kommen – das ist weniger eine Frage der Begabung als eine der Schulung. Die Konstruktion von Web-Stories ist ein Handwerk, das gelernt sein will. Im Folgenden zeigen wir auf, wie Sie die Information, die Sie vermitteln wollen, sinnvoll, userfreundlich und Ihren Zielsetzungen entsprechend gliedern.

Aktuell, relevant oder bahnbrechend

Ist eine Geschichte aktuell, wird sie vom Leser bevorzugt. Niemanden interessiert, was letztes Jahr im Bundestag besprochen wurde. Aber Aufmerksamkeit bekommen auch Geschichten, die den normalen Ablauf brechen oder für die Leser besonders relevant sind. Hört sich einleuchtend und einfach an?

Hier eine Checkliste für den Nachrichtenwert einer Story:

- Neuigkeitswert: Ist die Geschichte für den User neu?
- Gesprächswert: Spricht der User über dieses Thema – ist es Teil seines Horizontes?
- Unterhaltungswert: Glauben Sie, dass die Story Ihren User unterhält?
- Nutzwert: Kann der User Nutzen aus den Informationen ziehen?

Anhand dieser Liste können Sie einschätzen, welchen Nachrichtenwert eine Story oder ein Thema für den User hat. Leider wird das in der Praxis kaum berücksichtigt, vor allem unerfahrene Online-Redakteure schreiben aus ihrer eigenen Sicht. Investieren Sie deshalb etwas mehr Zeit in die Suche nach Relevanz oder Bahnbrechendem. Es lohnt sich.

Wie entsteht eine Story?

Der Stoff für Storys liegt „auf der Straße": Ereignisse, die in Pressemitteilungen, auf Pressekonferenzen, über den Ticker einer Nachrichtenagentur oder in konkurrierenden Medien kommuniziert werden, liefern Themen und Anregungen en masse. Die Idee zu einer Story kann aber auch aus Beobachtungen am Rande des Medientrubels entstehen, über Gespräche mit Bekannten, über eigene Interessenschwerpunkte und kuriose Funde im Internet oder durch Ereignisse und Neuheiten im eigenen Unternehmen.

Regeln der Recherche

Hat man eine Idee aus der Fülle der Anregungen entwickelt, beginnt die Recherche. Die erste Frage, die Sie sich stellen sollten, ist die nach dem Gehalt. Ist an dem Thema, über das ich schreiben will, überhaupt was dran? Stimmen die Ausgangsinformationen? Ist es so relevant, wie ich es vermute, hält es, was es verspricht?

Regel 1: Von außen nach innen

Recherchieren Sie „von außen nach innen". Ob sich das Thema eignet und wie es zu schreiben ist, können Sie erst einschätzen, wenn Sie sich einen Überblick über das Themenfeld verschafft haben. Klaus Meier empfiehlt in seinem Handbuch „Internet-Journalismus", zunächst neutrale und weitgehend unbeteiligte Quellen zu konsultieren: Was steht in Medienarchiven, Datenbanken und Büchern darüber, was sagen Experten und Beobachter dazu?

Erst dieser Überblick erlaubt Ihnen, Hypothesen darüber aufzustellen, was an Ihrem Thema bedeutsam sein könnte. Der Einblick in das Konfliktfeld zeigt, wen Sie dann im Betroffenenkreis dazu befragen. Machen Sie sich einen Rechercheplan, in dem Sie fixieren, welche Fragen Sie bei welchem Interviewpartner, bei welcher Konfliktpartei und zu welchem Zeitpunkt klären wollen.

Regel 2: Don't trust

Beim Recherchieren sollten Sie sich von einer zweiten Frage leiten lassen: Flunkern mir die Quellen etwas vor? Entspricht das, was ich bisher erfahren habe, den Tatsachen? Hinterfragen Sie den Wahrheitsgehalt Ihrer Informationen, holen Sie sich eine Bestätigung von zweiter und vor allem von der Gegenseite! Lassen Sie sich nicht von Termindruck abhalten, sorgfältig zu recherchieren. Erst wenn Sie unterschiedliche Perspektiven eingeholt haben, können Sie einschätzen, ob die Story taugt: ob sie genügend Information und Erzählstoff bietet, ob und welche Hypothesen Sie neu formulieren oder verwerfen müssen.

User legen großen Wert auf stimmige Informationen. „Don't trust" heißt also die Devise. Die kanadische Journalistin Theresa Ebden formulierte sie für Online-Journalisten folgendermaßen:

„Vertrauen Sie keiner Information, ohne eine zusätzliche Quelle befragt oder zumindest eine mündliche Bestätigung bekommen zu haben. Glauben Sie nichts, solange es keinen angemessenen Nachweis gibt."

Die Information von verschiedenen Seiten auf ihren Wahrheitsgehalt zu überprüfen und die unterschiedlichen Argumente später ausgewogen darzustellen – das ist die Tugend der Objektivität, die ein Journalist beherzigen muss. Objektivität meint hier die möglichst unparteiische, ausgewogene Darstellung von Fakten. Es gilt: Kommentare sind erlaubt, die Fakten sind heilig.

Walter von La Roche schildert in seinem Klassiker „Einführung in den praktischen Journalismus" in drei Szenarien, wie der „Gegencheck" in der Praxis umzusetzen ist.

Beispiel:

Einzelne Mitglieder einer evangelischen Kirchengemeinde haben sich bei Ihnen beklagt, dass der Kirchenrat gegen den Pfarrer intrigiere und auf seine Absetzung hinwirke, weil er dessen Konzept der „offenen Kirche" ablehne. Sie – der Journalist – haben sich informiert, was das Konzept der offenen Kirche meint, welchen Einfluss der Kirchenrat der Gemeinde auf die Einsetzung und Absetzung des Pfarrers hat, welche kirchlichen Instanzen außerdem an dem Verfahren beteiligt sind und wie sie zu diesem konkreten Konfliktfall stehen. Vielleicht planen Sie, diesen Konfliktfall als Aufhänger zu nutzen für einen längeren Bericht über „Demokratiedefizite" bei der Ein- und Absetzung eines Pfarrers, und befragen weitere Gemeinden, Landeskirchen usw. Das Wichtigste haben Sie aber vergessen: Was sagt der Kirchenrat selbst dazu?

- *Szenario 1: Der Sprecher des Kirchenrats lehnt eine Stellungnahme ab. Sie teilen das in Ihrem Beitrag mit.*
- *Szenario 2: Der Sprecher des Kirchenrats stellt den Sachverhalt ganz anders dar. Der Vorwurf der Intrige, den die Gemeindemitglieder vorgebracht haben, ist nun strittig, aber nicht entkräftet. Teilen Sie dem User beide Perspektiven mit.*
- *Szenario 3: Der Sprecher des Kirchenrats entkräftet in seiner Stellungnahme den Vorwurf ganz und gar und verweist auf überzeugende*

Quellen. Die Konsequenz: Sie vernichten Ihren Artikelentwurf und ärgern sich, dass Sie schon so viel Recherchezeit dafür aufgebracht haben. Hätten Sie den Kirchenrat doch nur früher befragt ...

Regel 3: Be fair!

Eine weitere Regel journalistischer Ethik ist beim Recherchieren zu beachten: Gehen Sie mit der Person, die befragt oder über die berichtet wird, fair um. Verletzen Sie sie nicht in ihrer persönlichen Würde. Halten Sie sich an den Beschluss des deutschen Presserats vom 16.10.1967. Er gilt bis heute:

„Recherchen sind das legitime Mittel publizistischer Arbeit. Dabei sind jedoch die durch Verfassung, Gesetz und publizistischen Anstand gezogenen Grenzen zu wahren. Insbesondere sind die Grundrechte des Schutzes der Menschenwürde und der Persönlichkeit zu respektieren ..."

Tipps zur Recherche

Es ist besser, mehr Fakten zu recherchieren als Sie unbedingt brauchen. So können Sie Ihre Informationen gezielt aussuchen und erhalten einen guten Gesamteindruck.

Notieren Sie sich, was Sie während der Recherche unternommen haben, die Fundorte der Artikel, kurze Inhaltsangaben gelesener Bücher usf. Vor allem: Protokollieren Sie Gespräche! Verlassen Sie sich bei einer Recherche nie auf Ihr Gedächtnis!

Denken Sie schon bei der Recherche multimedial und sammeln Sie Bilder und Grafiken. Diese erst nach dem ausgearbeiteten Artikel zusammenzustellen, ist sehr mühsam.

Hilfsmittel bei der Recherche

Bei der Recherche helfen persönliche Instrumente wie: ein Terminkalender, eine Adressdatei, ein persönliches Archiv mit Schrift- und Bildbeiträgen und ein langfristig aufgebautes Informantennetz.

Darüber hinaus braucht ein Online-Redakteur wie jeder Journalist ein (redaktionsinternes) System, Richtlinien und Ablageregeln, nach denen er wichtige von unwichtigen Informationen unterscheidet. Das können Agenturmeldungen, Pressemitteilungen und Mailings sein. Er braucht Nachschlagewerke und Sprachratgeber. Und mit Sicherheit benötigt er einen Internet-Anschluss für die Recherche in Online-Verzeichnissen, Online-Datenbanken, Medienarchiven, Bibliografien und Suchmaschinen.

Regeln für die Web-Recherche

Die Online-Recherche nimmt von allen Tätigkeiten, die Online-Journalisten aus dem Medienbereich verrichten, den größten Zeitraum ein. Das hat die Studie „Onlinejournalisten in Deutschland" aus dem Jahr 2003 ergeben. (Altmeppen, Hanitzsch, Löffelholz u.a. (2003): Onlinejournalisten in Deutschland. Zentrale Befunde der ersten Repräsentativbefragung deutscher Onlinejournalisten, in: Media Perspektiven. H. 10, S. 477–486.) Kein Wunder, denn das Internet bietet einen bequemen Zugang zu einem unerschöpflichen Fundus an Informationen, Bildern, Nachrichten, Videos, Grafiken und vielem mehr. So schnell und unmittelbar an Informationen zu kommen,

Rangliste der Recherchemittel bei deutschen Online-Journalisten		
Computergestützt	**Nicht computergestützt**	**Agenturen**
1. E-Mail: 12,7 % 2. Onlineangebote redaktioneller Medien: 14,4 % 3. hausinterne Archive: 10,6 % 4. Suchmaschinen und Webkataloge: 5,7 % 5. verschiedene Onlineangebote (Unternehmen, Behörden, wissenschaftliche Einrichtungen usw.): 2,7 %	1. redaktionsinterne Absprachen: 11,3 % 2. Telefonate: 3,7 % 3. Printmedien, Hörfunk und Fernsehen: 2,5 %	1. 30,1 %

Abbildung 1: Rangliste der Recherchemittel. (Quelle: Marcel Machill, Markus Beiler, Martin Zenker: Journalistische Recherche im Internet, Berlin 2008)

war vor dem Internetzeitalter nicht möglich. Die Online-Recherche verschafft einen schnellen Überblick über verschiedene inhaltliche Aspekte, Veröffentlichungen usw. zu einem Thema. Viel mehr als zur intensiven inhaltlichen Recherche eignet sich das Internet aber für die Quellensuche: Über das Internet können Adressen und Nummern von Institutionen und Experten sowie Originaldokumente (Gesetzestexte, Forschungsberichte und vieles mehr) ausfindig gemacht werden – der Zugang zu Recherchequellen ist damit einfacher und breiter. Es gilt also, eine Recherchestrategie zu entwickeln, die diese Vorteile effektiv nutzt. Klaus Meier hat in seinem Leitfaden zum Internet-Journalismus folgende Regeln aufgestellt:

Regel 1: Planen Sie offline

Bevor Sie Ihren Browser starten, fragen Sie sich, wer aus welchem Interesse Informationen ins Netz stellt. Können Sie mit einer geeigneten Internet-Quelle zu Ihrem Thema rechnen? Lohnt es überhaupt, den Browser zu starten, oder sichten Sie lieber Bücher und Wochenzeitungen, um sich einen ersten Überblick über Ihr Thema zu verschaffen? Greifen Sie vielleicht lieber gleich zum Telefonhörer?

Auch wenn Ihr Thema im Internet präsentiert werden soll, bleiben Sie zunächst trotzdem offline. Klären Sie für sich am Schreibtisch, welche Frage Sie mithilfe der Internet-Recherche in den Griff bekommen können, welche nicht. Bestimmen Sie Selektionskriterien, nach denen Sie Einzelnes aus der Fülle der Informationen auswählen. Fragen Sie sich: Was möchte ich durch meine Recherche unbedingt beantworten, was ist zweitrangig? Will ich zu einem spezifischen Aspekt etwas herausfinden oder einen Überblick gewinnen? Welche Anbieter eignen sich am besten?

Regel 2: In die Tiefe, nicht in die Breite

Wenn Sie online sind, recherchieren Sie ausschließlich entlang Ihrer Selektionskriterien und zu Ihren Themenschwerpunkten. Lassen Sie sich nicht von interessanten, aber thematisch nutzlosen Links verführen.

Regel 3: Qualität statt Quantität

Wählen Sie den geeigneten Anbieter. Suchmaschinen liefern meistens eine so große Fülle an Dokumenten, in denen Ihr Suchbegriff vorkommt, dass Sie stundenlang damit beschäftigt sind, die Dokumente zu sichten und nach ihrer Brauchbarkeit zu sortieren. Das ist verlorene Müh'. Noch dazu müssen Sie die Sprache und Verknüpfungen der Suchmaschinen kennen, um das Suchgebiet sinnvoll einzugrenzen.

Als Faustregel gilt deshalb: Wählen Sie direkt Adressen an, die für Ihr Rechercheinteresse vielversprechend sind, und nutzen Sie Anbieter, die die inhaltliche Kategorisierung bereits vorgenommen haben: Web-Verzeichnisse, Online-Datenbanken, Online-Archive.

Regel 4: Der Online-Redakteur ist kein Content-Verwalter

Die Online-Recherche ist nur ein zusätzliches Instrument, das der Informationsbeschaffung dient. Wie jeder andere Journalist ist auch der Online-Redakteur auf direkte Information angewiesen. Er darf sich nicht auf schon aufbereitete Informationen aus dem Internet beschränken. Befragen Sie Personen, deren Urteil für Ihre Story wichtig ist, weil sie Fachwissen oder Prominenz mitbringen. Recherchieren Sie am Ort des Geschehens, auf Pressekonferenzen …

Ein Recherchebeispiel

Sie wollen zum Thema „Essgewohnheiten und Lebensmittelskandal" recherchieren. Das Thema ist aktuell und relevant, da es alle betrifft. Letztendlich wird jedes Jahr ein neuer Lebensmittelskandal aufgedeckt. Wie gehen Sie bei der Recherche vor?

Annäherung an das Thema

Zwei Interessenssphären berühren sich: Die der Produzenten und Händler auf der einen und die der Verbraucher auf der anderen Seite. Sie könnten die Fragestellung auf den ersten Kreis beschränken und zum Beispiel einen Biobauern interviewen, um festzustellen, welche Auswirkungen die Lebensmittelskandale auf seine Produktion und seinen Absatz haben. Für Ihre Leser als Verbraucher wäre es interessant zu fragen, wie die Lebensmittelskandale unsere Essgewohnheiten beeinflussen.

Basisrecherche

Noch bevor Sie sich entscheiden, verschaffen Sie sich einen Überblick über das Thema, wobei sich die Internetrecherche anbietet. Danach notieren Sie sich, welche Informationen Ihnen noch fehlen, und entwerfen Fragen, die Sie Ihren Informanten stellen wollen. Achten Sie darauf, dass Sie sich hier nicht verzetteln und sich auf die Aspekte konzentrieren, die für Ihren Beitrag notwendig sind. Wenn Sie über die Essgewohnheiten berichten wollen, müssen Sie nicht alle Einzelheiten vergangener Lebensmittelskandale kennen.

Gesprächspartner

Zu jedem Thema gibt es mehrere Personengruppen, die für die Recherche herangezogen werden können. Da gibt es zunächst die Experten, die

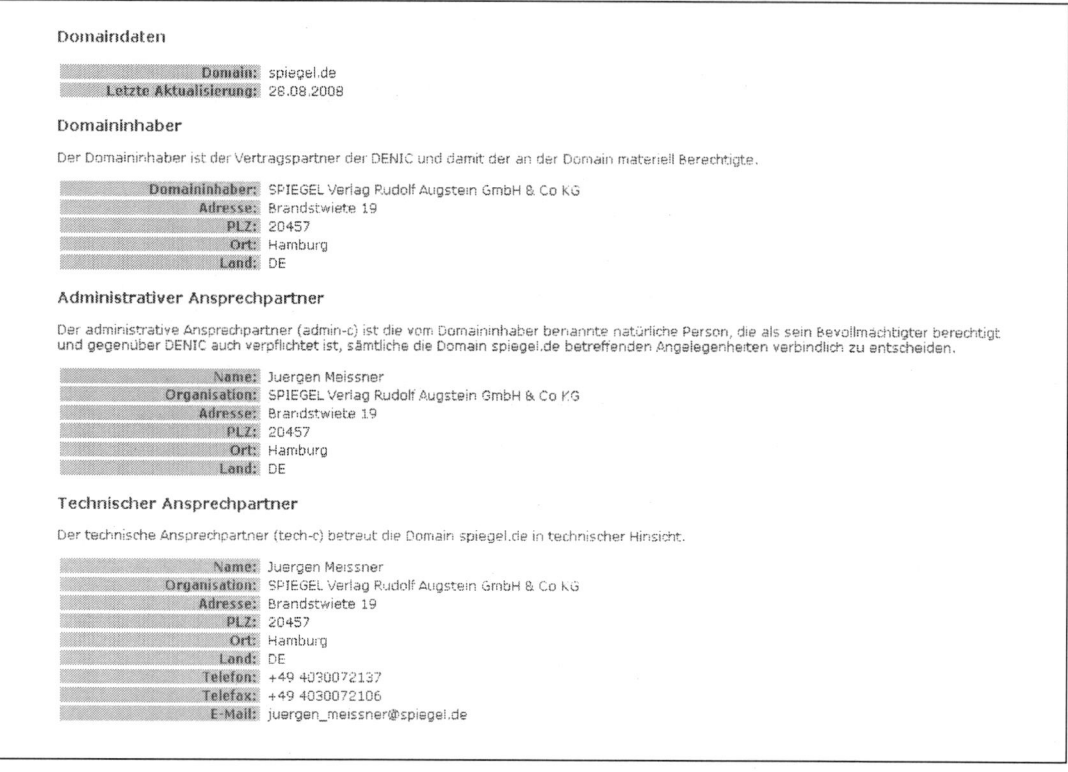

Abbildung 2: Am Beispiel von www.spiegel.de können Sie sehen, welche Informationen Sie über Websites abrufen können. (Quelle: www.denic.de)

über Fachwissen zu dem Thema verfügen, dann die Betroffenen oder Zeugen, die unmittelbar in das Geschehen involviert sind, und schließlich die Verantwortlichen beziehungsweise die Akteure, die oft nicht so leicht zu finden sind. Denken Sie daran, dass es bei den meisten Themen durchaus unterschiedliche Standpunkte geben kann, und versuchen Sie, ein möglichst breites Meinungsspektrum zu Ihrem Gegenstand zu bekommen. Für Ihr Thema können je nach Aspekt und Schwerpunkt folgende drei Gruppen in Frage kommen:

- Verbraucherzentralen und Ernährungsberater können als Experten Stellung nehmen und wichtige Fragen beantworten. Wie sollen sich die Verbraucher verhalten? Welche Maßstäbe gelten für eine gesunde Ernährung? Worauf muss der Verbraucher achten, wenn er zum Beispiel auf Öko-Produkte umsteigen will?
- Landwirte, Verbraucher und der Einzelhandel als Betroffene: Sie können Auskunft darüber geben, welche Folgen die Lebensmittelskandale für sie haben.
- Lebensmittelüberwachungsbehörden, der Landwirtschaftsminister und andere politisch Verantwortliche: Sie sind Ansprechpartner

dafür, welche gesamtgesellschaftlichen Folgen die Skandale haben und welche Entscheidungen zum Verbraucherschutz getroffen werden.

Wenn Sie der Regel 1 „Von außen nach innen" bei Ihrer Recherche folgen, dann sollten Sie zunächst versuchen, die Verbraucherzentralen zu kontaktieren und sich dann erst an Ihren Bio-Bauern, den Einzelhändler oder das Bundesministerium wenden.

Suchmaschinen als Einstiegspunkte für die Recherche

Der Weg zur Information beginnt heute bei Journalisten in den meisten Fällen auf der Google-Homepage. Denn Suchmaschinen als Einstiegspunkte für die Recherche sind bei Journalisten sehr beliebt. Über Google kann man sehr gut an Informationen kommen – vorausgesetzt man kennt die kleinen Geheimnisse der Suchmaschinen.

Checkliste: Glaubwürdigkeit von Websites

Authentizität/Autorenschaft: Werden Namen, Adressen oder Institutionen genannt? Ist der Autor/die Autorin ein Experte/eine Expertin? Wie transparent sind Autorenschaft, Motivation und institutionelle Verankerung der Site?

Interesse: Welches Interesse hat der Autor, seine Information weiterzugeben? Mit welcher Absicht wurde der Text geschrieben?

Objektivität: Klingen die Aussagen reißerisch oder einseitig? Sind sie emotional gefärbt? Werden unterschiedliche oder abweichende Meinungen mit einbezogen?

Glaubwürdigkeit: Wird klar, ob die Aussage eine Einzelmeinung ist? Worauf basiert die Meinung? Auf Studien, Experimenten, Literatur, Experten etc.? Werden die Quellen genannt? Gibt es eine kommentierte Linkliste?

Zielgruppe: Für welche Zielgruppe ist die Website konzipiert? Was ist das Leserinteresse?

Aktualität: Wann wurde die Site zuletzt aktualisiert? Haben die einzelnen Artikel Datumsangaben?

Trennung Werbung/redaktioneller Inhalt: Ist die Grenze zwischen den Bereichen eindeutig? Gibt es Artikel, die als redaktioneller Inhalt erscheinen, aber inhaltlich rein werblich sind? Gibt es bei der Verlinkung in den Artikeln Anhaltspunkte für Werbung?

Vernetzung: Werden Aussagen über Finanzierung oder Sponsoring gemacht? Welche Angaben zur Vernetzung oder Zusammenarbeit mit anderen Firmen oder Institutionen finden Sie?

Andere Quellen: Prüfen Sie, ob Sie zusätzlich andere Informationen über die Website bekommen. Wer verlinkt auf diese Site? Gibt es andere Dokumente mit auffallend ähnlichen Textpassagen? Wer hat bereits über diese Informationen berichtet? Prüfen Sie bei www.denic.de Namen und Adresse des Domain-Inhabers.

(Quelle: Alkan, Saim: Handbuch Online-Redaktion)

1. Suchmaschinen finden nicht alles

Suchmaschinen durchsuchen nicht das ganze Netz, sondern immer nur einen Teil davon, den sie in ihre Datenbank aufgenommen, das heißt indexiert haben. Ein nicht unwichtiger Teil des WWW bleibt den Suchmaschinen verschlossen und kann nicht in die Indizes aufgenommen werden:

- Seiten, auf die kein Link führt. Aus technischen Gründen kann eine Suchmaschine den Weg auf solche Seiten nicht finden.
- Passwortgeschützte Seiten.
- Bestimmte Formate: Meist beschränken sich die Suchmaschinen auf HTML- und PDF-Dokumente. Nur wenige von ihnen indizieren Powerpoint- oder Word-Dokumente. Viele andere Dateiformate können Suchmaschinen gar nicht erfassen.
- Seiten, die hauptsächlich aus Bildern, Videos und Musik bestehen. Zwar können diese theoretisch indiziert werden, aber wenn Text fehlt, können sie nicht thematisch zugeordnet werden.

Es gibt folglich einen großen Bereich, der der Suchmaschinen-Software verborgen bleibt: Als „unsichtbares Web" (invisible web, deep web) bezeichnet man Angebote im World Wide Web, die bei Google und anderen Suchmaschinen nicht zu finden sind. Das liegt an deren technischer Struktur – Suchmaschinen können bestenfalls die Startseiten dieser Angebote erfassen, nicht aber deren Inhalte.

Dazu gehören etwa hochwertige Informationen, die in Datenbanken vorliegen. Geben Sie etwa in Google einen Namen ein, wird in der Trefferliste die Telefonnummer des Gesuchten nicht erscheinen, obwohl sie im WWW vorhanden ist – in der Datenbank des Telefonbuches. Sie müssen demzufolge die einzelnen Datenbanken, in denen Sie Ihre Informationen vermuten, selbst kennen und direkt anfragen.

2. Suchmaschinen haben kein Verständnis

Suchmaschinen verstehen Menschen nicht. Zumindest können Sie keine Zusammenhänge erkennen, die für Menschen offensichtlich sind. Deswegen sollten Sie bei der Auswahl der Suchworte sorgfältig und geplant vorgehen. Manchmal wird die Suche einfacher mit dem Einsatz von Kombinationen oder Ausschluss von Wörtern. Das können Sie über die Funktion der „erweiterten Suche" oder „Suchoptionen" einstellen oder, indem Sie die Bool'schen Operatoren wie etwa AND und OR verwenden. Auf jeden Fall sollten Sie sich zuerst über die Suchfunktionen der Suchmaschine informieren, sonst können Sie das Suchergebnis nicht einschätzen. Werden etwa zwei eingegebene Wörter als mit UND verbunden gewertet oder wird nur nach dem ersten Wort gesucht? Werden Wortstämme gesucht oder müssen Sie den Plural mit eingeben?

3. Suchmaschinen haben auch ein großes Geheimnis

Die Algorithmen für die Sortierung der Trefferliste werden unter Verschluss gehalten. Sie waren zu oft Manipulationsversuchen ausgesetzt. Klar, jeder Website-Betreiber will hier ganz nach oben und manchen ist dafür jedes Mittel recht.

Um einschätzen zu können, wieso eine Website für eine Suche ganz oben gelistet wird, sollten Sie zumindest einige Anhaltspunkte für die Kriterien kennen. Sicher ist: Je häufiger das Suchwort in einem Text vorkommt, desto höher ist der Rang. Mit der Einschränkung, dass das Verhältnis zwischen dem Schlüsselwort und der Gesamtwortzahl in vernünftigen Relationen bleibt – sonst wird Spam vermutet. Ausschlaggebend ist auch der Grad der Verlinkung: Je häufiger auf eine Website verlinkt wurde, desto weiter rückt sie nach oben. Das erklärt zum Beispiel, warum Wikipedia sehr häufig weit oben erscheint.

4. Die richtige Suchstrategie ist entscheidend

Ob eine Suchmaschinenrecherche zu brauchbaren Ergebnissen führt, hängt nicht nur von der Funktionsweise der Suchmaschinen, sondern auch von den Kenntnissen des Users ab. Das beweist eindrücklich ein Experiment, das Experten der Universität Leipzig im Zuge einer weiterreichenden Studie zum Thema journalistische Recherche im Internet durchgeführt haben:

48 Journalisten unterschiedlicher Mediengattungen sollten an ihrem Arbeitsplatz mithilfe von Google drei Aufgaben lösen.

1. Fünf Fragen zum Vorsitzenden des SPD-Kreisverbands Salzland in 5 Minuten beantworten.
2. Acht Fakten zum aktuellen Schweizer Bundesratbunker finden.
3. Innerhalb von 15 Minuten alle möglichen Fakten zu Prinz Ali Khan (berühmter Playboy der Fünfziger-/Sechzigerjahre) sammeln.

Der Sucherfolg war mittelmäßig und die Journalisten, die ja täglich professionell suchen, waren im Schnitt nicht besser als der normale Nutzer. Allerdings streute sich der Sucherfolg, das heißt es gab eine Gruppe von Journalisten, die fast alles fanden.

Wie suchen erfolgreiche Rechercheure?
- Erfolgreiche Nutzer recherchierten in die Tiefe, das heißt sie brauchten weniger Auswahlaktionen.
- Sie tätigten weniger Suchanfragen.
- Sie riefen weniger Zielseiten oder weiterführende Websites auf.
- Sie durchforsteten die Ergebnislisten weniger als die erfolglosen Probanden.
- Erfolgreiche Nutzer gingen geschickter mit Suchwörtern um. Die semantische Analyse zeigte, dass die Auswahl der Suchwörter gut durchdacht war.
- Suchwörter wurden zuerst direkt der Aufgabe entnommen und dann sukzessive verbessert.
- Suchwörter waren präziser und weniger allgemein gehalten als bei den weniger Erfolgreichen.
- Die logische Verknüpfung der Suchwörter war durchdacht und der Aufgabenstellung angemessen.
- Sie verwendeten etwa bei Namen häufiger die Phrasensuche.

Multimedia und Web 2.0 – Recherche im neuen Netz

Wikipedia: Guter Einstieg

Das Online-Lexikon setzt auf die Weisheit der Masse: Unzählige Autoren und Redakteure schreiben, diskutieren, verbessern und löschen Artikel. Lange Zeit war diese Art, Wissen zusammenzutragen, umstritten. Wikipedia galt im Vergleich zu den althergebrachten Enzyklopädien als unseriös. Das gilt spätestens seit der vom Stern beauftragten Studie nicht mehr: Wikipedia schnitt bei einem Vergleich deutlich besser ab als der Brockhaus. Vor allem im Bereich Aktualität ist das Online-Lexikon unschlagbar. Aber auch in der Kategorie „Richtigkeit" war der Brockhaus unterlegen.

Doch das System hat auch Schwachstellen: Die Niveaus der Artikel sind sehr unterschiedlich. Einige Artikel sind auf der Höhe der Zeit und brillant. Andere stecken voller Fehler, überholter wissenschaftlicher Erkenntnisse oder sind unverständlich geschrieben. Sehr spannend ist es auch, selbst ein Wikipedianer zu werden und einen Artikel zu schreiben, zu ergänzen oder zu verbessern. Das hilft, die Informationen dieses Lexikons besser einzuschätzen.

Ein Blick in Wikipedia eignet sich vor allem als Einstieg für eine weitere Recherche. Nutzen Sie auch die unterschiedlichen nationalen Ausgaben – sofern sie die Sprache verstehen. Abweichungen können sehr aufschlussreich sein. Lesen Sie die Diskussion zum Artikel, das bringt sie vor allem bei umstrittenen Themen sehr schnell zum Kern eines Konflikts.

Social Bookmarking – geteilte Recherchearbeit

Social Bookmarking-Dienste unterstützen User bei der Verwaltung ihrer Internet-Funde. Sie können damit ihre Internet-Recherche mit Schlagworten verwalten. Doch das Bookmarken hat auch eine soziale Seite, das heißt, die User können ihre Entdeckungen mit anderen teilen und ihre Lesezeichen und Schlagwörter anderen zur Verfügung stellen. Hier können Sie auch interessante Seiten zu ihrem Recherche-Thema entdecken. Der Vorteil dabei ist, dass Sie nicht so viele (nicht relevante) Suchergebnisse bekommen wie bei Google. Und auch das Ranking ist transparent: Was viele andere User wichtig finden, steht ganz oben. Damit haben Sie anders als bei Google eine Bewertung von Menschen und deswegen wahrscheinlich für Ihr Thema treffendere Ergebnisse. Vor allem lassen sich so die verborgenen Perlen im Internet effizienter aufspüren.

Eine Suche bei den einschlägigen Diensten eignet sich für eine gezielte Quellensuche, zur Beobachtung eines Themengebietes und als Fundgrube für neue Themen.

- del.icio.us – der Pionier unter den Social Bookmarking-Diensten, der populärste und der Dienst mit der größten internationalen Reichweite.
- mister-wong.de ist die deutsche Entsprechung von del.ici.us.
- stumbleupon.com – User bewerten Websites und bekommen Vorschläge für ähnliche Sites. Die Community wächst zurzeit sehr rasch.

digg.com und yigg.de – hier sind vor allem News, aktuelle Themen und eher kurzlebige Storys zu finden. User können Nachrichten verlinken und selbst Inhalte einstellen.

RSS-Feeds – ohne Mühe auf dem Laufenden bleiben

Das Internet ist Traum und Albtraum bei der Recherche. Der Albtraum ist, dass ständig neue Informationen veröffentlicht werden. Alle relevanten Websites und Weblogs regelmäßig abzusurfen, um sich über Neuigkeiten zu informieren, ist unmöglich. Der Traum erfüllt sich mit dem Web 2.0. Sie müssen sich nicht mehr ins Netz aufmachen, um an Informationen zu kommen. Die Informationen kommen zu Ihnen, denn jetzt werden Sie benachrichtigt, wenn es auf bestimmten Websites Neues für Sie zu lesen gibt. Um sie auf Ihren Bildschirm zu holen, brauchen Sie einen RSS-Reader. Damit können Sie fast alle Internet-Seiten in ihrer RSS-Variante abrufen: Sie sehen, wie in einer E-Mail-Liste, die Titel der Artikel und vielleicht auch einen kurzen Anleser aufgelistet. Wenn Sie das Thema interessiert, sind Sie mit einem Klick auf der Originalseite des Artikels.

Abonnieren können Sie aber nicht nur Websites und Weblogs, sondern zum Beispiel auch die Kommentare zu einem Artikel, der sie interessiert, oder ein Suchwort bei Suchmaschinen. Geben Sie ein Suchwort ein, abonnieren Sie die Ergebnisse als RSS-Feed, und Sie erhalten entweder in Ihrem Feedreader oder als Mail immer die neuesten Ergebnisse. So können Sie sich auch über einen längeren Zeitraum relativ mühelos über ein bestimmtes Thema auf dem Laufenden halten. Wenn Sie sich neu in einen Bereich einarbeiten müssen,

können RSS-Verzeichnisse sinnvoll sein. Hier finden Sie nach Themen geordnet zahlreiche Feeds, die Sie abonnieren können.

Die Software gibt es in einfacher Ausgabe meist kostenlos, zur Zeit sind neben dem Feedreader (www.feedreader.com) der Sharpreader (www.sharpreader.net) und die Personal Edition des Awasu (www.awasu.com) am beliebtesten, die Auswahl ist jedoch riesig.

Tipps für den Einsatz von RSS-Feeds in der journalistischen Arbeit

Aktuelle Nachrichten: Die Online-Ausgaben der wichtigsten Magazine und Zeitungen wie etwa spiegel.de oder faz.net. Wenn Sie sich nicht für alle neuen Nachrichten interessieren, können Sie hier auch spezielle Rubriken als Feed-Abo auswählen.

Pressemitteilungen: Pressemitteilungen per Fax oder E-Mail nerven manchmal. Hier sind RSS-Feeds auch sehr praktisch. Zum Beispiel bietet das Bundesverfassungsgericht „Entscheidungen und Pressemitteilungen" als Feed an. Ebenfalls sinnvoll sind RSS-Abonnements auf digitalen Presseverteilern wie presseportal.de oder pressenger.de

Effiziente Blog-Beobachtung: Zum täglichen automatisierten Blog-Watching empfiehlt sich auch das Abonnement eines Suchfeeds. Bei Blogstats.de können Sie zu beliebig vielen Suchbegriffen einen Suchfeed abonnieren.

Fotos: Wenn sie beim populärsten Bilder-Blog-Dienst „flickr" einen Fotografen gefunden haben, dessen Bilder Ihnen gefallen, können Sie dort auch dessen Bilder abonnieren.

Bilder, Audio, Video

Heute gibt es kaum noch Online-Artikel, die ohne ein Bild auskommen. Und gerade in der Blogwelt hat sich das Podcasting etabliert: Die Beiträge werden nicht mehr als Text, sondern als Video oder Audiodatei zur Verfügung gestellt. Zahlreiche Informationen im Netz liegen also nicht mehr als Text, sondern in anderer Form vor. Damit ist schon das erste zentrale Problem bei der Multimedia-Recherche angesprochen. Sie können diese Inhalte nur über Suchworte suchen – anders als bei Texten sind aber die entsprechenden Wörter nicht Teil der Information. Gefunden werden also nicht die Inhalte selbst, sondern die Schlagworte, die den Dateien hinzugefügt werden oder die Texte, die im räumlichen Zusammenhang mit den Dateien stehen und Ihr Suchwort enthalten. Das ist die Grundlage der Suche bei den allgemeinen Suchmaschinen, die eine Bilder- oder Videosuche anbieten. Eine solche indirekte Verknüpfung kann natürlich nie zu wirklich präzisen Ergebnissen führen.

Wenn Sie auf der Suche nach Podcasts von Frau Merkel sind, können Sie „Podcast Merkel" in die Suchmaschinenmaske eingeben. Sie werden auf die Homepage der Bundeskanzlerin verwiesen, wo Sie eine Übersicht über alle Videopodcasts der Kanzlerin finden. Sie können das, was Frau Merkel zum Beispiel zum Thema Menschenrechte sagt, problemlos für Ihren Artikel verwenden und sie auch wörtlich zitieren. Aber können Sie ohne Weiteres das Video auf Ihrer Website einbinden?

Das zweite Grundproblem bei der Recherche von Mediendateien liegt im Urheberrecht. Wenn Sie bei der Recherche nicht nur auf der Suche nach den Informationen sind, die diese Dateien transportieren, sondern die Dateien selbst in irgendeiner Form für Ihre Publikation verwenden wollen, müssen Sie wissen, unter welchen Bedingungen Sie diese Dateien nutzen dürfen. Bei Google und Yahoo! haben Sie etwa die Möglichkeit, bei der erweiterten Suche bestimmte Nutzungsrechte einzugeben. So erhalten Sie beispielsweise nur Ergebnisse, die kostenlos verwendet, freigegeben und verändert werden können. Aber diese Funktionen sind erst im Anfangsstadium – verzichten Sie auf keinen Fall auf eine genaue Überprüfung der Lizenzen.

Für eine systematische Suche nach multimedialen Informationen sind Suchmaschinen nicht in jedem Fall die besten Einstiegspunkte für eine Recherche. Oft bekommen Sie bei speziellen Datenbanken oder Verzeichnissen bessere Ergebnisse.

Name	Dateien	Beschreibung
www.flickr.com	Bilder	Hier laden Profis und Amateure ihre Bilder hoch. Ein nahezu unerschöpflicher Bilderfundus.
www.photocase.com	Bilder	Bilderdatenbank mit über 130.000 sowohl lizenzpflichtigen als auch lizenzfreien Bildern.
www.Poikile.de	Bilder	Auf Kunst und historische Aufnahmen spezialisierte Metasuchmaschine für Bilder.
www.youtube.com	Video	Etablierte Plattform, hier finden Sie alles von Urlaubsvideos bis zu aktuellen Live-Bildern aus Krisengebieten.
www.Podster.de	Video, Audio	Nach Stichwörtern unterteiltes Verzeichnis von über 6000 Podcasts.
www.archive.org	Video, Audio	Eigentlich als „Gedächtnis" des Internets angelegt. In der übersichtlichen Kategorisierung in unter anderem „moving images" und „audio" finden Sie aber schnell Infos.

Abbildung 3: Die wichtigsten Einstiegspunkte für die Suche nach multimedialen Inhalten.

4. Spannend strukturieren

Fragen über Fragen: die (1-PLUS-)7-Ws

Eine erste Strategie, die Ihnen beim Sortieren und Gliedern der recherchierten Informationen hilft, ist die Suche nach den 1 + 7 Ws. Die „sieben W" stehen für die sieben wichtigsten journalistischen Fragen, die in einer Story in der Regel zur Sprache kommen. Sie lauten:

- Wer?
- (Tat) Was?
- Wo?
- Wann?
- Wie?
- Warum?
- Woher? (habe ich die Information, das Zitat…)

Die Antworten auf diese Fragen sollten auf jeden Fall in Ihrem Bericht, Ihrer Meldung oder Nachricht beantwortet werden. Bewusste und begründete Ausnahmen sind zulässig. Das erste W, zu dem die sieben hinzukommen, wird nicht explizit in Ihrem Text beantwortet werden, bildet aber für Sie die Leitfrage für den gesamten Text:

(Für) Wen?

Wenn Sie diese Frage für sich und Ihren Text beantwortet haben, wird es Ihnen leichterfallen, die Antworten auf die sieben W zu formulieren und einzuschätzen, wie ausführlich die Informationen hierzu sein müssen.

Konstruktionshilfe

Schreiben Sie zu Beginn die sieben W auf. Beantworten Sie die Fragen. So entsteht ein erstes Gerüst für Ihre Story.

Die sieben W abzufragen ist selbstverständlich kein Muss, sie in der vorgegebenen Reihenfolge zu beantworten schon gar nicht. Sie dienen zunächst als Konstruktionshilfe und als Checkliste, anhand derer Sie überprüfen können, ob Sie den Inhalt vollständig erfasst haben.

Das Wichtigste zuerst! Von toten Fröschen und umgekehrten Pyramiden

Der tote Frosch

In vielen Fällen ist nicht auf den ersten Blick zu entscheiden, welche Information wirklich am Anfang des Textes stehen soll. Folgende Geschichte kann einen interessanten Aspekt aufdecken: Ein sechsjähriger Junge kommt völlig außer Atem angerannt und ruft seinem Vater zu: „Papa, Papa, ich muss dir was erzählen…" Der Vater unterbricht ihn: „Langsam, nicht durcheinander, eines nach dem anderen!" Nun beginnt der Junge: „Ich bin gerade eben in den Wald gegangen und dann habe ich am Waldrand, am Bach, neben dem großen Stein, einen Frosch gesehen und Papa der Forsch war tot." Was wäre passiert, wenn der Vater den Jungen nicht unterbrochen hätte? Wahrscheinlich dieses: Der Junge kommt angerannt: „Papa, Papa, da liegt ein toter Frosch!" Im er-

sten Fall hält sich der Junge an die väterlichen Regeln und beantwortet brav die wichtigen Fragen, während er im zweiten Fall sofort und ohne Umschweife zum Kern der Geschichte kommt. Sie finden auch die zweite Variante ansprechender und spannender? Dann machen Sie sich auch für Ihre Story auf die Suche nach dem „toten Frosch" und präsentieren Sie ihn sofort! Nach der Sensation können Sie die grundlegenden Fragen immer noch beantworten!

An zweiter Stelle steht die Frage: Wie ordne ich die mit den W-Fragen erfassten Informationen im Text? Erinnern Sie sich an die zentrale Aussage über das Leseverhalten im Internet: Der Benutzer scannt den Bildschirm. Er überfliegt Ihren Text und pickt hervorstechende Merkmale heraus, um schnell herauszufinden, was er an wichtigen Informationen daraus ziehen kann. Meistens liest er nur den Textbeginn und scrollt ungern die gesamte Textlänge. Außerdem baut sich eine Web-Seite langsam von oben nach unten auf, macht also zuerst den oberen Textteil sichtbar.

Um den User bei der Stange (am Bildschirm) zu halten, müssen Sie seinem Bedürfnis nach schneller Information entgegenkommen und seine Lesestrategie beziehungsweise die technischen Zwänge berücksichtigen.

Bieten Sie also dem User gleich zu Beginn die zentrale Botschaft, und ordnen Sie die übrigen Informationen entsprechend ihrer abnehmenden Wichtigkeit. Das Wichtigste kommt immer an erster Stelle! Dieses Konstruktionsprinzip ist das A und O des Web-Textens. Es ist die althergebrachte Tugend des Nachrichtenschreibens. Sie gilt für

das Web-Texten schlechthin! Veranschaulichen Sie sich an folgendem viel bemühten Beispiel, wie dieses Konstruktionsprinzip funktioniert. Es ist fast so historisch wie das beschriebene Ereignis selbst.

Die Vossische Zeitung begann ihren Bericht über den Tod des österreichischen Thronfolgers 1914 folgendermaßen:

Als der Erzherzog-Thronfolger Franz Ferdinand und seine Gattin, die Herzogin von Hohenberg, sich heute Vormittag zum Empfang in das hiesige Rathaus begaben, wurde gegen das erzherzogliche Automobil eine Bombe geschleudert, die jedoch explodierte, als das Automobil des Thronfolgers die Stelle bereits passiert hatte.

Sieben Zeilen Nachricht, ohne dass der Leser bisher das Wichtigste erfahren hat. Der Text ist aufgebaut wie eine fiktive Geschichte, eine chronologische Erzählung. Dies darf bei einer Nachricht aber nicht sein. Das Wichtigste muss an den Anfang, damit der Leser einen ersten Einblick in das Thema erhält und zum Weiterlesen motiviert wird. Den oben geschilderten Vorfall meldete die New York Times vierspaltig auf Seite 1, und sie begann ihren Text so:

Der österreichisch-ungarische Thronerbe Erzherzog Franz Ferdinand und seine Gemahlin, die Herzogin von Hohenberg, wurden heute von einem bosnischen Studenten erschossen. Die tödlichen Schüsse bildeten schon den zweiten Mordanschlag auf das Ehepaar an diesem Tage, und es wird davon ausgegangen, dass sie das Ergebnis einer politischen Verschwörung sind.

Schon besser! Dieser Artikel hat die gleiche Zeilenanzahl, und trotzdem wissen wir schon mehr als bloß den Kern des Ereignisses.

Das Wichtigste gehört an den Anfang. Das ist in dieser Grundsätzlichkeit unumstritten. Karl W. Mekiska, bis 1986 Nachrichtenchef der Süddeutschen Zeitung, hätte die Meldung so begonnen:

Der österreichische Thronfolger, Erzherzog Franz Ferdinand, und seine Frau, die Herzogin von Hohenberg, fielen am Sonntag in Sarajewo einem Revolveranschlag serbischer Nationalisten zum Opfer. Ein Gymnasiast aus Grabow hatte unweit des Regierungsgebäudes die tödlichen Schüsse aus einem Browning auf das vorüberfahrende Thronfolgerpaar abgegeben.

Perfekt! Die wichtigste Information erfährt der Leser sofort und bekommt bei Interesse Lust auf mehr. Der Text ist nach dem Prinzip der abnehmenden Wichtigkeit aufgebaut, die Antworten auf die W-Fragen werden gegeben. Zählen Sie einmal selbst, wie viele W-Fragen bereits beantwortet werden!

Das Konstruktionsprinzip der abnehmenden Wichtigkeit lässt sich auch gut als „umgekehrte Pyramide" vorstellen: Der Bau Ihrer Story beginnt nicht mit den in aller Breite ausgelegten Fundamenten, sondern mit der Spitze, der Pointierung der zentralen Aussage – dem „toten Frosch" eben. Von der Schlussfolgerung ausgehend errichten Sie Stufe um Stufe ergänzende und begründende Argumente, die immer weitere Details zur Kernaussage anführen.

So kann der Leser, Hörer oder Zuschauer anhand der Fakten entscheiden, ob ihn die Nachricht interessiert und er dranbleibt oder weiterliest. Dieses gängige Prinzip passt aus diesem Grund auf das Schreiben von Online-Texten – der Leser braucht nur den Anfang zu überfliegen, um zu entscheiden, er muss nicht scrollen, um an die wichtigsten Informationen zu kommen.

Ein Beispiel aus der Online-Ausgabe der FAZ vom 24.11.2008:

Der ehemalige RAF-Terrorist Christian Klar kommt nach 26 Jahren Haft auf freien Fuß. Das hat das Oberlandesgericht (OLG) Stuttgart entschieden. Die Richter beschlossen, den Rest der lebenslangen Freiheitsstrafe zur Bewährung auszusetzen. Einst verurteilt wegen neunfachen Mordes und elffachen versuchten Mordes, schweigt Klar bis heute zu den Fällen Buback, Ponto und Schleyer.

Auch die meisten Anleitungen für das Schreiben im Netz haben die umgekehrte Pyramide in ihr Repertoire übernommen, denn tatsächlich passt sie sehr gut ins Web:

Hypertext-Prinzip

Hypertext-Systeme – wie das Web eines ist – sind aus zahlreichen Knoten (Texten) aufgebaut, die miteinander – per Links – verknüpft sind. Das geht am besten, wenn die einzelnen Texte eher kurz sind und für sich selbst stehen können, das heißt ohne zusätzliche Infos verständlich sind – genau dafür bietet sich die Pyramide an. Komplexere Themen werden nicht in längeren Texten abgehandelt, sondern durch eine gut gewählte Verlinkung aufgeteilt. Auch hier bietet das Pyramidenmodell Strukturierungshilfen. So kann zum Beispiel nach der Beantwortung der wichtigsten W-Fragen dem Leser die Möglichkeit gegeben werden, die Hintergrundinformationen oder weniger wichtigere Details in eigener Regie (und eigener Reihenfolge) abzurufen.

User

Im Web sind die meisten User auf der Suche nach schneller Information und eher auf Überfliegen als auf gründliche Lektüre eingestellt. Da ist ihnen ein kompakter Lead rund um die wichtigsten Fakten lieber als zum Beispiel an der Chronologie ausgerichtete Geschichten, die mit „Am Anfang war …" losgehen. Der User kann auch jederzeit aufhören zu lesen, ohne dass ihm wichtige Fakten entgehen oder ihm wichtige Details zum Verständnis der Geschichte fehlen. Ein entscheidender Punkt ist auch die Vertrautheit des Users mit dem Aufbau – er kennt ihn aus fast allen Medien und weiß, was ihn erwartet.

Autoren

Der Online-Autor kann profitieren, denn wenn er sich an den W-Fragen orientiert, die an der Spitze der Pyramide stehen, ist er sich sicher, dass er alles Notwendige recherchiert hat und dass er in seinem Text nichts vergessen hat. Auch stilistisch hat die Pyramide Auswirkungen, denn sie erhöht die Ausrichtung an sachlichen Gesichtspunkten – auch das ist dem User im Netz sehr wichtig.

news aggregators

Nicht selten lesen User die Inhalte nicht direkt auf der Website, sondern laden sich zum Beispiel News auf ihr Handy. Oder sie überfliegen die Google News Startseite, um sich zu informieren.

Was sie da zu sehen bekommen, ist meistens die Überschrift plus der erste Abschnitt des Artikels. Im Fall der „umgekehrten Pyramide" findet er hier die wichtigsten Fakten. Eigenartigerweise spricht das für die Gegner gegen die Pyramide, denn das halte den User davon ab, auf die Original-Site zu klicken. Eine merkwürdige Argumentation, denn ein Verzicht auf einen Lead würde ja auch nicht dazu führen, dass auf die Original-Site geklickt wird. Und ein schlechter, nicht entsprechend der umgekehrten Pyramide strukturierter Lead würde sogar eher das Gegenteil bewirken: Die User sind nicht motiviert, die Original-Website zu besuchen.

Roy Peter Clark – Schreibtrainer der renommierten Journalistenschule „The Poynter Institute" – gibt Ihnen Tipps, wie Sie Langeweile vermeiden und eine gute Pyramide schreiben:

- Halten Sie den Artikel kurz! Die Pyramide eignet sich nicht für längere Texte.

- Verschießen Sie Ihr Pulver nicht! Bewahren Sie ein paar **interessante Aspekte für den Schluss** auf – auch wenn natürlich der Anfang wichtiger ist als das Ende.

- Platzieren Sie die Hintergrundinformationen nahe ans Ende, nicht am Ende des Artikels.

- Achten Sie beim Überarbeiten darauf, dass in jedem Absatz **mindestens ein interessantes Element** vorhanden ist.

- Wenn Ihnen die interessanten Elemente ausgehen: **STOP!**

Abschied von der Perlenkette

User wollen nicht nur schnell das Entscheidende erfahren, sie bestimmen per Mausklick auch, welche tiefer gehenden Informationen sie abrufen wollen. Sie springen zwischen verschiedenen

Bildschirmseiten und verschiedenen Websites. Anders als in Offline-Medien sind sie nicht an die Abfolge der Papierbogen oder die Sendezeit laut Programmzeitschrift gebunden: User bestimmen, in welcher Reihenfolge sie die Informationen sichten.

Was folgt daraus für den Online-Redakteur?

Er verabschiedet sich von der linearen Erzählweise. Er vertraut nicht mehr darauf, dass der User auf der ersten Seite mit dem Lesen einsetzt, mit der zweiten fortfährt und die Argumente wie auf eine Perlenkette nacheinander auffädelt.

Er entwickelt eine nicht-lineare Erzählstrategie. Den Text (das Textmodul) portioniert er in kürzere Absätze, die nach dem Prinzip der umgekehrten Pyramide aufgebaut sind und jeweils einen Hauptgedanken transportieren. Er überlegt sich beim Verfassen der Story, welcher Link wo sinnvoll eingebaut werden kann.

Aspekte, die das Thema von einer anderen Seite beleuchten und im Textmodul eines Printartikels zusammenfasst werden, greifen die für sich stehenden Storys auf. Der professionell arbeitende Online-Redakteur macht daraus eigene Textmodule, die er mit der Ausgangsstory verlinkt.

Weiterführende Literatur

Meier, Klaus (Hrsg.): Internet-Journalismus. Ein Leitfaden für ein neues Medium. Konstanz 2002, 3. Auflage. Hier erfahren Sie, wie journalistische Themen als Hypertext aufgearbeitet werden, welche Herausforderungen das Medium Internet mit sich bringt sowie Tipps für die Recherche im Internet.

5. Bausteine eines Web-Textes

Der User will an erster Stelle erfahren, welche Kernaussage Ihr Text ihm vermitteln wird. Um ihm dies zu erleichtern, strukturieren Sie Ihren Text in unterschiedliche Teile.

Headline – die Überschrift

Überschriften geben dem User die erste Vorab-Information über den Inhalt, den der Text enthält. Sie sind „Hingucker", die der User zuerst liest und anhand derer er entscheidet, ob er dem Text weitere Aufmerksamkeit schenkt. Daher muss eine Überschrift vor allem informativ und relevant für den Zielgruppen-User sein. Durch verständliche Formulierung und durch Prägnanz wird sie attraktiv und stimulierend, Sprachspielerei ist zweitrangig. Sie funktioniert als Schlagzeile: Das Thema des Textes bringt sie in wenigen Worten auf den Punkt. Die Faustregel, nicht mehr als sechs Wörter zu verwenden, ist jedoch kein Dogma. Entscheidend ist, dass die Headline den inhaltlichen Bezug durch eine kurze und treffende Formulierung herstellt.

Headlines sind im Gegensatz zum zusammenhängenden Textmodul (Fließtext) bereits auf der Start- oder Übersichtsseite zu sehen. Sie erscheinen aber auch auf der zweiten Navigationsebene, auf der der Fließtext platziert ist und zu dem ein Link von der Übersichtsseite hinführt. Ihr Wortlaut dient dem User beim Navigieren durch die verschiedenen Ebenen als Wiedererkennungszeichen. Auch deshalb muss die Headline informieren sowie prägnant und einprägsam formuliert sein.

Abbildung 4:

Bei der Online-Ausgabe der Bildzeitung sind die Schlagzeilen (beinahe) das Wichtigste. Hier wird das Wesentliche zielgruppengerecht auf den Punkt gebracht. Über die Headline wird eine erläuternde Subline gesetzt. (Quelle: www.bild.de)

Subline und Overline

Häufig wird eine zweite erläuternde Schriftzeile über oder unter die Überschrift gesetzt. Sie hilft bei der Einordnung in eine Rubrik, in den größeren Zusammenhang etc.

Was bedeutet „Teaser"?

Im Englischen ist „teaser" gleichbedeutend mit „Lockmittel". Je nach Medium ist ein Teaser ein kurzer Vorspann zu einem Film, ein kurzer Ankündigungsspot im Fernsehen oder ein Einstieg in einen Text. Charakteristisch für alle Erscheinungsformen des Teasers ist das „Necken" und „Locken", das der englischen Bedeutung entspringt.

Teaser und Lead – der Vorspann

Wichtigster Baustein Ihres Web-Textes ist der Teaser. Er bildet auf der Start- oder Übersichtsseite eine Einheit mit der Headline, baut auf ihr auf. Der Teaser verdichtet die Information, die im nachfolgenden Text vermittelt werden soll, auf eine oder mehrere Schlagzeilen. Die Faustregel lautet: höchstens drei Sätze. Er soll die Story „ankündigen", indem er in die wichtigsten W einführt und den User dazu „reizt", über den anschließenden Link zur eigentlichen Story zu klicken. Er ist nach der Headline das wichtigste Selektionskriterium für den User. Der Teaser ist also eine Art Rutsche, über die der User in das Thema gleitet. Es gibt mehrere Wege, den User in die Story einzuführen.

Der summarische Teaser

Der summarische Teaser beantwortet die wichtigen W-Fragen auf einen Schlag. Er ähnelt dem klassischen Vorspann (Lead), weil er alle wichtigen Informationen komprimiert präsentiert. Dabei ist darauf zu achten, den ersten Satz nicht mit Fakten zu überladen. Das macht ihn schwer verständlich. Der summarische Teaser ist für Internet-Auftritte meist zu lang, da er zu viele Informationen enthält.

Beispiel aus der Online-Ausgabe des Tagesspiegels vom 24. November 2008:

Die rechtsextremistische NPD ist nach der Verurteilung ihres früheren Bundesschatzmeisters Erwin Kemna erneut ins Visier der Justiz geraten. Auf Veranlassung der Staatsanwaltschaft Münster durchsuchten Beamte am Montagmorgen erneut die Bundesparteizentrale der NPD in Berlin-Köpenick, bestätigte Oberstaatsanwalt Wolfgang Schweer am Montag gegenüber „tagesspiegel.de".

Der modifizierte Teaser

Der modifizierte Teaser ist weniger formalisiert als der summarische Teaser. Er nimmt nur das Wichtigste auf. Dadurch bleibt er kurz, prägnant und informativ. Ein Satz genügt, um die wichtigste Information zu präsentieren. Aufgrund dieser Prägnanz ist der modifizierte Teaser gut für Internet-Auftritte geeignet.

Beispiel aus der Online-Ausgabe der FAZ vom 24. November 2008:

In der thailändischen Hauptstadt Bangkok haben am Montag zehntausende Regierungsgegner das Parlament umstellt und das Kabinett aus seinem provisorischen Amtssitz gejagt.

Der anonyme Teaser

Diese Form wird häufig verwendet, wenn Namen oder eine genaue Identifikation von Personen oder von Sachen keine wesentliche Rolle spielen. Der anonyme Teaser kann auch benutzt werden, um Spannung aufzubauen und den Leser neugierig auf weitere Informationen zu machen. Wenn ein Teaser nur verkündet: „Londoner Gericht bestätigt Vaterschaft" – kommt natürlich die Frage auf: Warum steht das hier? Worum geht es eigentlich? Und schon ist die Neugier geweckt – erst im Artikel fällt der Name „Boris Becker" und beim Leser der Groschen.

Hier spielen Namen keine Rolle: Ein Beispiel aus der Online-Ausgabe der Bild vom 24. November 2008:
Es geht mal wieder heiß her im Leben von Skandal-Sängerin Amy Winehouse (25). Ehemann Blake (26) hat sie verlassen – wegen eines deutschen Models.

Der unterhaltende Teaser

Nicht immer sind Teaser streng nachrichtlich verfasst. Es gibt auch „unterhaltende" oder kommentierende Teaser, die vor allem Spannung aufbauen und mit Informationen noch hinter dem Berg halten.

Ein Beispiel aus der Online-Ausgabe des Stern vom 24. November 2008:
„Oben ist, wo Merkel sitzt" – so in der Art hat die Bundeskanzlerin jüngst wieder klar gemacht, wer der Chef im Berliner Ring ist. Auf dem Bundespresseball aber hält sie sich vornehm zurück: Tanzen ist nicht ihre Lieblingsbeschäftigung, stattdessen muss Thomas de Maiziere ran.

Erst im Fließtext bekommt der Leser die Informationen, wie viele Besucher der Bundespresseball hatte, wer von der Politprominenz da war und wer fehlte.

Aufmerksamkeit fesseln

Meist ist der Teaser kürzer als ein Lead, der wie in den Printmedien dem Fließtext vorangestellt wird und die wichtigsten Fakten in Kurzform präsentiert. Die inhaltlichen Unterscheidungen, die die Fachliteratur zwischen Lead und Teaser trifft, werden hier aber vernachlässigt, da Lead und Teaser in der Praxis häufig zusammenfallen.

Wichtig ist: Ein gelungener Teaser muss die Aufmerksamkeit fesseln, also treffende Schlagwörter liefern. Er darf die Information aber auch nicht zu sehr verknappen, sonst hat der User Mühe, sich ein erstes Bild zu machen, und entwickelt kein Interesse an zusätzlicher Information.

Ein Beispiel aus der Online-Ausgabe des Spiegels vom 24. November 2008:
Zwei Präsidenten sind in einer Autokolonne unterwegs – und dann fallen angeblich Schüsse: Nach georgischen Regierungsberichten ist der Konvoi von Premier Saakaschwili beschossen worden.

Hier wurden die für diese Nachricht relevanten W in den Teaser aufgenommen. Wer tut was warum? Der Teaser verrät dennoch nicht zu viel, so dass der Anreiz zum Weiterlesen gegeben ist.

Der Fließtext

Über einen Klick auf unterstrichene Wörter im Teaser oder auf den angefügten Link „mehr", „weiter" gelangt der User auf die zweite Navigationsebene, auf der der Fließtext platziert ist. Er wird wiederum durch einen Teaser/Lead eingeleitet.

Diesen Text bauen Sie wiederum, in jedem Abschnitt, nach dem Prinzip der umgekehrten Pyramide auf. Gliedern Sie ihn in gut scannbare Häppchen: durch kurze Sätze und kurze Abschnitte, die jeweils einen Gedankengang transportieren und durch viel Weißraum voneinander getrennt sind, durch Zwischenüberschriften und Aufzählungen.

Sie entspecken den Text mit einer weiteren Methode, die sich nach dem Prinzip „Detail on Demand" richtet: Aspekte, die nicht zentral für die Story sind, aber weitere interessante Hintergrundinformation liefern, gliedern Sie in gesonderte Text-Module aus und verknüpfen sie über einen Link mit der Ausgangsstory. Der User kann sie abrufen, wenn er sich für diese Zusatzinformation interessiert.

Bilder als Textbausteine

In der multimedialen Umgebung des WWW sind Bilder (und Töne) wichtige Bausteine des „Web-Textes". Ebenso wie geschriebene Texte können Bilder Inhalte befördern. Zwar können sie auch „harte" Fakten darstellen, vor allem aber wecken sie Emotionen, erlauben eine Art visuelle „Les-barkeit" und verbinden Information mit Emotion. Gemeinsam führen Text und Bild zu höherer Wirksamkeit, wenn die Bilder nicht nur aussagekräftig sind, sondern die geschriebenen Informationen eines Textes optisch sinnvoll ergänzen. Natürlich können Bilder schmückende Ornamente eines Textes sein. Lange Texte werden durch Bilder oder Illustrationen strukturiert, denn Web-Seiten mit Bildern wirken ansprechender. Aber Bilder dienen nicht nur zur Gestaltung, vielmehr haben sie vielfältige Funktionen, können den Eindruck eines Textes verstärken oder abschwächen. Sie stehen dem Text in vielerlei Hinsicht in nichts nach.

Gerade im multimedialen WWW sollten Sie wissen, wie Sie Bilder sinnvoll verwenden können, wie Bilder wirken und worauf Sie achten sollten, wenn Sie Ihrem Text Bilder zur Seite stellen. Die technischen Aspekte von Bildern, Grafiken und Videos können Sie im Multimedia-Kapitel nachlesen.

Bilder wecken Aufmerksamkeit. Ähnlich wie Überschriften sind Bilder Blickfänger, die dem User eine Vorschau darauf bieten, welche Inhalte ihn im Text erwarten. Sie sind frühe Entscheidungskriterien dafür, ob sich beim User der Wunsch regt, weiterzulesen. Gleichzeitig besteht aber die Gefahr, dass die Bilder vom Text ablenken oder dass zu viele Bilder nicht das Interesse wecken, sondern eher verwirren.

Bilder vermitteln Informationen, die schwer in Worte zu fassen sind und den Text ergänzen. Dabei helfen sie, Sachverhalte, Personen, Begriffe und Situationen zu visualisieren. So ist es zum

Beispiel sinnvoll, wenn einem Interview ein Foto des Interviewpartners beigestellt ist. Das macht die Person präsenter und greifbarer. Manchmal stellen Bilder auch nur indirekt etwas dar. Wenn etwa neben einer Nachricht ein Foto vom Weißen Haus steht, weiß der Leser, ohne die Überschrift zu lesen, dass im Text die amerikanische Regierung eine Rolle spielt.

In vielen Fällen übernehmen Bilder die Rolle des Zeugen, der einen Text bestätigt und ihm Authentizität verleiht. Im Allgemeinen besitzt ein Foto eine höhere Glaubwürdigkeit als der geschriebene Text. Denn der Leser geht davon aus, dass das, was auf einem Bild zu sehen ist, sich irgendwann und irgendwo ereignet haben muss. Der Fotograf war dabei und hat es gesehen.

Das Bild selbst kann zur Nachricht werden, wenn es das entscheidende Ereignis einfängt. Dabei muss das Ereignis nicht unbedingt sensationell sein. Das oft gesehene Bild des Staatsmannes, der gerade einen Vertrag ratifiziert, gehört genauso dazu wie ein Foto der Naturkatastrophe. Bilder frieren aber nicht nur eine Situation ein und machen einen Augenblick sichtbar, sie haben auch eine narrative Komponente. Wenn Sie sich nicht auf ein Bild beschränken, sondern eine Reihe von Bildern verwenden, dann können Sie auch Geschichten erzählen oder einen Ablauf darstellen. Mit den Fotos kann die Dynamik einer Episode oft leichter dargestellt werden als in einer Erzählung. In Bildreportagen, illustrierten Bildstrecken oder „Slideshows" werden die Bilder hintereinander gereiht. Jedoch gelingt es dabei nicht immer, wirklich einen Spannungsbogen aufzubauen.

Abbildung 5:
In der Zeitmaschine übernehmen die Bilder die Rollen der Überschrift. (Quelle:www.einestages. spiegel.de)

In diesem Zusammenhang bietet sich auch der Einsatz von Videos oder animierter Grafik an, die sich von der Funktion her aber nicht von den Bildstrecken unterscheiden.

Gerade, wenn Zahlen ins Spiel kommen, werden vermehrt Diagramme und andere Infografiken eingesetzt. Bilder können Daten und Prozesse veranschaulichen. Die Sitzverteilung in einem Parlament nach einer Wahl wird fast immer als Kuchendiagramm dargestellt, weil so die Gewichtung der einzelnen Parteien viel deutlicher wird, als wenn im Text einfach Prozentzahlen erscheinen. Komplexe Organisationsstrukturen oder Abläufe können meist nicht in ein oder zwei Sätzen wiedergegeben werden, während sie in einer Grafik auf einen Blick erfasst werden können.

Text-Bild-Beziehungen

- **Diskrepanz:** Im schlechtesten Fall stimmen Bild und Text nicht überein oder lenken voneinander ab (siehe dazu auch „Bild-Text-Schere").
- **Neutralität:** Text und Bild stehen nebeneinander – aber mehr auch nicht!
- **Ergänzung** und wechselseitige **Erhellung:** Der Text ergänzt das Bild oder umgekehrt. Sie liefern zusätzliche Informationen, die im jeweils anderen Medium nicht ausgedrückt werden können.

Die meisten Bilder stehen zwischen der 2. und 3. Gruppe: Das Bild dient eher zur optischen Auflockerung, enthält aber doch auch Informationen, die im Text entweder nicht so wichtig sind oder

SELBSTVERTEIDIGUNG

Wehr dich!

VON JEANNETTE OTTO | © DIE ZEIT, 09.10.2008 Nr. 42
SCHLAGWORTE: ▸ Ausbildung ▸ Schule

Selbstbehauptungskurse an Schulen sind gefragt. Aber was bringen sie den Kindern? Ein Trainingsbesuch

Schreien und Treten: Die Firma Defending-Team bietet Selbstbehauptungskurse an Hamburger Schulen an
© Achenbach & Pacini ☑

Abbildung 6:
Bild und Überschrift ergänzen einander.
(Quelle: www.zeit.de)

nicht dargestellt werden können. Typisch dafür ist ein Politikerbild neben einer Nachricht, die ihn betrifft.

Das Ganze ist mehr als die Summe seiner Teile

Stellen Sie sich eine Website vor, auf der neben einem Artikel ein Foto eines Fischers zu sehen ist, der an einem mediterranen Hafen ein Netz bearbeitet. Darunter der Text: „Fischer flickt sein Netz". Bild und Text decken sich zu 100 Prozent. Dann dasselbe Bild mit dem Zusatz: „Traditionelle Fangmethoden herrschen auf Mallorca noch immer vor." Schon ein paar mehr Informationen. Zum Schluss denken Sie sich jetzt bitte diese Überschrift dazu: „Schwedischer Fisch für Mallorca-Touristen". Der Text klärt den Leser auf: „Durch den hohen Fischkonsum auf der Balearen-Insel müssen Restaurantbetreiber auf skandinavischen Tiefkühlfisch zurückgreifen, weil die einheimischen Fischer den Bedarf nicht mehr decken können …" Bleibt das Bild vor Ihrem geistigen Auge dasselbe? Oder „sehen" Sie es jedes Mal mit anderen Augen? Sorgen Sie deshalb dafür, dass alle Elemente aufeinander abgestimmt sind und eine Nachricht vermitteln.

Bildtext

Kein Bild ohne Bildtext! Der Bildtext steht in der Bedeutungshierarchie auf einer Stufe mit der Überschrift. Beim Scannen einer Web-Seite nehmen Bilder eine prominente Stellung ein. Vom Bild gleitet der Blick des Lesers auf die Bildunterschrift. Das hat zur Folge, dass der Bildtext unter Umständen noch vor der Überschrift oder

dem Teaser wahrgenommen wird. In der „Aufmerksamkeitshierarchie" nimmt er also eine hohe Position ein, deswegen sollten Sie beim Abfassen des Bildtextes ebenso große Sorgfalt walten lassen wie bei der Formulierung der Überschriften. Der Bildtext ist die Klammer, die Bild und Text zusammenhält, und sollte auf jeden Fall den Leser zur Lektüre des ganzen Textes anregen.

Auch in der Bildlegende müssen die W-Fragen (Wer, Was, Wann, Wo) beantwortet werden, die sich beim Betrachten des Bildes stellen können. Verzichten Sie lieber darauf, Kommentare in einem Bildtext unterzubringen – an dieser Stelle sind sachliche Informationen angebrachter.

Henri Nannen wies der Bildunterschrift die Funktion zu, „(…) dem Leser das Bild vorzulesen (…)". Das bedeutet nicht, zu beschreiben, was auf dem Bild zu sehen ist, sondern vielmehr, die Aufmerksamkeit auf das zu lenken, was der Autor im Bild für interessant hält. Wenn Sie einen Bildtext formulieren, behalten sie die Frage im Hinterkopf, warum Sie dem Leser dieses Bild zeigen und kein anderes.

Ausnahmen gibt es immer! Wann können Sie auf einen Bildtext verzichten?

- Wenn das Bild und der Titel eine Einheit bilden. Dann übernimmt der Titel die Funktion des Bildtextes (oft bei Werbung/Plakaten/Anzeigen).
- Wenn es sich um einen ganz kurzen Artikel handelt. Gerade „news" auf einer Website bestehen oft nur aus einem Kurztext und einem Bild. Der Kurztext ist dann gleichzeitig die Bildlegende.

▓ Wenn das Bild wirklich nur ein „Augenfänger" ist. Das Bild verziert die Seite, ohne einen Bezug zum Text zu haben und dient wirklich nur der Gestaltung.

Der Bildtext fungiert als zweiter Teaser. Er benennt eine Bildaussage, die mit Headline und Teaser korrespondiert und einen zusätzlichen Leseanreiz schafft. Wie der Teaser verrät der Bildtext noch nicht alles, sondern weckt Neugier auf weitere Information.

Die Bild-Text-Schere

Fast jeder hat schon einmal gestutzt: Während einer Fernsehsendung hören Sie den Kommentar: „Hier sehen wir den Eiffelturm ..." während die Kamera eine Großaufnahme des Louvre bringt. Weil Bild und gesprochener Kommentar – also Text – auseinanderstreben, ist für solche Situationen in der Fernsehbranche der Begriff „Bild-Text-Schere" üblich geworden, der inzwischen auch in die anderen Medien Eingang gefunden hat.

Den Leser verwirren dabei nicht so sehr offensichtliche Fehler – wenn etwa im Text über Wildschweine berichtet wird und daneben prangt das Foto eines Kaninchens – sondern vielmehr eher feine Diskrepanzen zwischen den Aussagen von Text und Bild. Manche fühlen sich gar hinters Licht geführt oder vermuten tendenziöse Absichten. Achten Sie also sorgfältig darauf, ob das Bild wirklich zum Text passt und ob auf den Bildern wirklich zu erkennen ist, was Sie meinen.

Abbildung 7: Die Überschrift weist aus, dass es hier um die „gefährlichsten Städte Europas" geht. Wo ist hier die Gefahr? Steht das Windkraftrad etwa symbolisch für Brüssel – um das es im Text geht? Dieses Bild eröffnet zu viele Fragen und stiftet Verwirrung. (Quelle: www.sueddeutsche.de)

Checkliste: Web-Text

- Habe ich misstraut, war ich fair? Habe ich mich an die Regeln journalistischer Recherche (don't trust, be fair) und die Netiquette (Internet-Knigge) gehalten?

- Hat meine Story Nachrichtenwert: Ist sie aktuell/originell, zielgruppenorientiert und mit meinen Redaktions- oder Unternehmenszielen im Einklang?

- Deckt mein Text die wichtigsten W ab?

- Ist er nach dem Konstruktionsprinzip der umgekehrten Pyramide aufgebaut?

- Ist er webgerecht modularisiert?

- Ist die Headline ein Hingucker? Ist sie kurz und informativ?

- Informiert der Teaser über die wichtigsten W, verleitet er zum Weiterlesen?

- Gibt der Bildtext einen weiteren Leseanreiz?

Weiterführende Literatur

http://www.linse.uni-due.de/linse/publikationen/labyrinthe.html.

Der „Internet-Linguistiker" Ulrich Schmitz beleuchtet eingehend die Bild-Text-Beziehung in seinem Aufsatz „Optische Labyrinthe im digitalen Journalismus. Text-Bild-Beziehungen in Online-Zeitungen".

6. Schreiben mit Stil

Mit den Grundlagen der journalistischen Arbeit haben Sie sich vertraut gemacht. Sie wissen, welche der Darstellungsformen und Konstruktionsprinzipien sich für welche Texte im Web am besten eignen. Nun stellt sich die Frage: Wie sag ich's genau? Welche Sprache ist im Web angebracht, welche Ausdrucksmittel kann ich verwenden?

Dieses Kapitel gibt Ihnen eine Liste von Tipps an die Hand, die Ihnen helfen, verständlich, anschaulich und ansprechend zu formulieren. Es zeigt darüber hinaus, welche Stilmittel Sie verwenden können, um die Attraktivität des Textes für den Leser zu steigern.

Sie wollen dem User beim Scannen entgegenkommen. Sie wollen Texte schreiben, die schnell zu erfassen sind, weil sie klar formuliert, treffend ausgedrückt und in der Ansprache motivierend sind. Anhand der folgenden vier Fragen können Sie Ihren Text auf diese Qualitätsmerkmale überprüfen:

- Wie schreibe ich verständlich?
- Wie konstruiere ich Sätze?
- Wie schreibe ich anschaulich?
- Wie schreibe ich ansprechend?

Wie schreibe ich verständlich?

Es beginnt bei der Wortwahl, die Sie mit großer Sorgfalt treffen sollten. Schließlich greift der User beim Scannen einzelne Wörter heraus und entscheidet anhand dieser Auswahl, ob Ihre Website einen längeren Besuch wert ist.

Schreiben Sie nur, was Sie verstanden haben

Diese Faustregel gilt für die Wortwahl im Allgemeinen. Wissen Sie, was „multilaterale Konflagration" bedeutet? Nein? Dann lassen Sie es weg. Überprüfen Sie, ob Ihnen die Bedeutung eines Wortes, das Sie aus Recherchequellen übernehmen, tatsächlich klar ist. Spezialbegriffe und Abstrakta erschließen sich dem Leser nur, wenn Sie sie in einem eindeutigen Zusammenhang verwenden.

Geizen Sie mit Fremdwörtern

Prüfen Sie zuerst, ob der Begriff in der Alltagssprache geläufig ist oder ob die Mehrzahl Ihrer potenziellen User ihn verstehen würde. Wenn nicht, forschen Sie nach, ob es einen entsprechenden deutschen Ausdruck gibt.

Auch für moderne englische Begriffe sollten Sie nach einem deutschen Äquivalent suchen – es wird leichter verstanden. Gibt es ein solches nicht, dann erläutern Sie den Begriff, wenn Sie ihn zum ersten Mal erwähnen. Dies ist besonders im Computerbereich wichtig.

Viele neue Begriffe für Dinge, die es zuvor nicht gab, wurden in der allgemeinen „Computersprache" Englisch geschaffen. Hier gibt es meist kein deutsches Äquivalent, aber durchaus Erklärungsbedarf. Machen Sie sich beispielsweise klar, was ein „Template" ist: Ein Template ist eine Vorlage in Content Management-Systemen.

Erklären Sie fachsprachliche Begriffe und Abkürzungen

Dies gilt insbesondere für Websites, die nicht von Fach-Usern besucht werden. Und auch unter Fach-Usern herrscht bei manchen Ausdrücken Verwirrung.

ASP beispielsweise bedarf unbedingt einer Erklärung. ASP kann entweder „Active Server Pages" oder „Application Service Provider" bedeuten. Ersteres ist eine Programmiersprache von Microsoft, Letzteres ein Software-Anbieter.

Verbannen Sie das Behördendeutsch

Schreiben Sie statt „wohnhaft" „wohnt", statt „Postwertzeichen" „Briefmarken".

Vermeiden Sie Gemeinplätze und inhaltsleere Floskeln

Sie sind peinlich und wecken den Verdacht, Sie wollten dem User eine konkretere Information vorenthalten. Ersetzen Sie diese schwammigen Aussagen durch Wörter und Satzfügungen, die einen konkreten Inhalt transportieren. Prüfen Sie: Habe ich dem User wirklich etwas mitgeteilt?

Nein: Seit Version 1.0 ist über ein Jahr vergangen. Dennoch ist die Entwicklung nicht stehen geblieben, und es wird aktiv weiterentwickelt.

Dieser Satz sagt gar nichts. Dass Computerprogramme weiterentwickelt werden, ist allgemein bekannt. Dass sie weiterentwickelt werden, wenn die Entwicklung nicht stehen bleibt, ist eine Tautologie – also eine Satzfügung, die den Sachverhalt beziehungsweise den Gemeinplatz doppelt wiedergibt.

Nein: Wir bieten Ihnen besonders gemütliche Gäs-tezimmer.

Hier kann sich der User kein Bild machen von den konkreten Zimmern, die er per Internet buchen kann: Natürlich sind Gästezimmer möglichst gemütlich!

Vorsicht bei Sprachklischees

Tilgen Sie abgenutzte Formulierungen aus Ihrem Wortschatz! Sprachklischees bringen den User zum Gähnen.

Nein: „Wenn alles strahlt und keiner lacht, hat's im Atomkraftwerk gekracht." Dieser makabere Spruch ist mit dem GAU in Tschernobyl zur traurigen Realität geworden, und die Stimmen nach alternativen Energiequellen sind lauter geworden.

Ja: (...) Dieser makabre Spruch ist mit dem GAU in Tschernobyl Realität geworden. Seitdem wird immer häufiger gefordert, alternative Energiequellen zu nutzen.

Setzen Sie die richtigen Metaphern ein

Achten Sie darauf, dass Sie geläufige Bilder verwenden und die Bedeutungsanalogien von Metaphern nicht zerstören.

Nein: Das Wild in den Gehegen (...) kann vielleicht bald die Umzugskisten packen.

Die Metapher „Koffer packen", die eine Analogie zu dem (erzwungenen) Weggang einer Person herstellt, wird hier verfremdet (Umzugskisten) und auf Tiere bezogen. Das kracht.

Ja: Der Vorstandsvorsitzende von XY-AG kann wohl bald seine Koffer packen ...

Verwenden Sie keine Bandwurmwörter

Dies ist kein absolutes Muss. Manchmal lassen sich lange Wörter nicht vermeiden. Wenn Sie „Dampfschifffahrtsgesellschaftskapitänsmütze" schreiben müssen, dann schreiben Sie es. Die meisten Komposita (zusammengesetzten Wörter) lassen sich aber durch einen Bindestrich getrennt darstellen. Nutzen Sie die Bindestrich-Schreibweise, wo es geht. Das erleichtert das Lesen. Also: Dampfschiff-Kapitän.

Nutzen Sie das treffende Wort

Geben Sie sich nicht mit einem ungefähren Begriff zufrieden, der nur durch zusätzliche Hinweise wie Anführungsstriche auf die von Ihnen gemeinte Bedeutung verweist. Das holpert und verärgert. Auch steigern Sie Ihren Sprachwitz nicht, wenn Sie übertriebene oder skandalisierende Wörter benutzen und sie durch Anführungsstriche mit Gewalt in den Satzzusammenhang pressen.

Nein: Nach dem ,Big Brother'-Konzept ist eine Webcam auf ein Nest gerichtet (...)

Ja: Eine Webcam überträgt alle Vorgänge im Nest direkt ins Internet. Oder: Wie bei der Sendung „Big Brother" werden alle Vorgänge im Nest über eine Webcam direkt ins Internet übertragen.

Fragen Sie erstens: Habe ich den konkretesten Ausdruck verwendet, den die deutsche Sprache hat? Schreiben Sie „Hühner" statt „Geflügel", wenn Sie Hühner meinen, „billig" statt „preiswert", wenn Sie billig und nicht „seinen Preis wert" meinen.

Fragen Sie zweitens: Bin ich abstrakten Imponier-Vokabeln auf den Leim gegangen? Sollten Sie „aus Rücksichtnahme" geschrieben haben, ersetzen Sie es durch „aus Rücksicht", sollten Sie von veränderten „wirtschaftspolitischen Zielsetzungen" geschrieben haben, dann freunden Sie sich mit der veränderten „Wirtschaftspolitik" an.

Wählen Sie die korrekte Bezeichnung

Schreiben Sie also nicht „Landesgericht", sondern „Landgericht". Nutzen Sie zudem immer den Gattungsbegriff, auch wenn sich dafür ein Markenname eingebürgert hat.

Nein: Die Entführer hatten der Geisel den Mund mit Tesa verklebt.

Ja: Die Entführer hatten der Geisel den Mund mit Klebestreifen verklebt.

Wie konstruiere ich Sätze?

Haben Sie die korrekten und treffenden Wörter gewählt, sollten Sie am Satzbau feilen. Durchdacht konstruierte Sätze machen Ihren Text verständlicher.

Formulieren Sie kurz und prägnant

Das soll nicht heißen, dass alle Sätze nur noch aus sechs Wörtern bestehen dürfen, wie es vielfach vorgeschlagen wird. Wenn Sie einen gut strukturierten und vor allem verständlichen langen Satz konstruieren, ist dieser selbstverständlich verwendbar.

Vermeiden Sie verschachtelte Sätze mit vielen Nebensätzen

Sie lesen sich schlecht am Bildschirm.

Nein: Die Durchführung des Plans, welcher sich auf den ersten Blick ausgesprochen gut ausnahm, wurde verhindert, indem ein Nachbar die Polizei rief und einen Notfall meldete.

Ja: Obwohl der Plan zuerst durchführbar erschien, wurde er durch einen Nachbarn vereitelt. Er rief die Polizei und meldete einen Notfall.

Lassen Sie zusammengesetzte Verben zusammen

So wird der Satz schneller erfasst.

Nein: Nach reiflicher Überlegung fassten die Mitarbeiter in Übereinstimmung mit dem Vorstand den Entschluss, dass eine Zusammenarbeit unter keinen Umständen mehr in Frage komme.

Ja: Die Mitarbeiter und der Vorstand fassten den Entschluss, dass sie nicht mehr zusammenarbeiten wollten.

Streichen Sie Füllwörter und Wiederholungen

Konzentrieren Sie sich auf das Wesentliche.

Nein: Nachdem er sowohl den Rasen gemäht als auch die Bäume beschnitten hatte, ging er dann, nachdem er alles aufgeräumt hatte, ins Haus.

Ja: Er mähte den Rasen, beschnitt die Bäume und räumte alles auf. Dann ging er ins Haus.

Vermeiden Sie Gleichklang

Packen Sie möglichst keine gleich klingenden Silben in einen Satz oder in aufeinander folgende Sätze.

Nein: Der User hat die Möglichkeit, über seitenexterne Links auf eine verwandte Website zu springen. Das ermöglicht ihm, zusätzliche Informationen zum Thema abzurufen.

Ja: Der User kann über Seiten-externe Links auf eine verwandte Website springen und so zusätzliche Informationen zum Thema abrufen.

Achten Sie auf die logischen Bezüge von Adjektiven

Schreiben Sie statt „atomares Gefahrenbewusstsein" eher „Bewusstsein für die Atomgefahr", besser noch: „Angst vor der Atomgefahr".

Respektieren Sie Grammatik und Orthografie

Achten Sie darauf, dass Ihr Text grammatisch korrekt und in einheitlicher Orthografie erscheint. Tipp- und Sprachfehler verärgern. Sie erschweren das Verständnis und lassen den Leser an Ihrer Kompetenz zweifeln.

▌Tipp: Überflüssiges vermeiden!

Neulich erreichte mich während eines Coachings ein Dokument einer Internet-Autorin mit der Bitte, den Text zu überarbeiten. Ich las das vierseitige Dokument. Einige Korrekturen beziehungsweise Anregungen fügte ich dem Text hinzu und strich insgesamt 21 Mal das Wort „auch" aus dem Text. Das kleine Wort „auch" – so nützlich und oft so überflüssig.

Übrigens, im Gespräch mit der Autorin einigten wir uns darauf, es an einer Stelle wieder einzufügen, weil es zur Verstärkung der Aussage dient, aber auch für ein gutes Klima zwischen Autor und Coach.

Wie schreibe ich anschaulich?

Ihre Texte werden anschaulich, wenn Sie sie in konkreter, bildhafter Sprache formulieren. Dies ruft Assoziationen hervor und regt die Fantasie des Users an. Das Gelesene wird auf diese Weise besser in seinem Bewusstsein verankert. Folgende Tipps geben Ihnen Anhaltspunkte für anschaulicheres Schreiben:

Schreiben Sie im Aktiv, nicht im Passiv

Das Aktiv schildert die Situation direkter und eindringlicher. Es wirkt weniger umständlich und verdeutlicht die Botschaft, die Sie vermitteln wollen.

Nein: Der Autofahrer wurde von einem Lastwagen bedrängt.

Ja: Der Lastwagen bedrängte einen Autofahrer.

Nein: Er hatte die Hoffnung, einen Wunsch erfüllt zu bekommen.

Ja: Er hoffte, dass sein Wunsch erfüllt werden könne.

Verwenden Sie möglichst keine abstrakten Substantive

Wörter mit der Endung -ung und -heit wirken statisch. Wählen Sie stattdessen viele Verben. Sie beschreiben Aktionen und frischen den Satz auf.

Nein: Die Änderung ihrer Einstellung ...

Ja: Indem sie ihre Einstellung änderte ...

Setzen Sie bildhafte Wörter ein

Wählen Sie Wörter, die Assoziationen auslösen, wie: stark, groß, Herz, fantastisch ...

Übersetzen Sie abstrakte Sachverhalte in konkrete Bilder und Vergleiche

„Bedeckt eine Fläche von 7930 qkm" ist zu abstrakt. Sagen Sie lieber: „ist mit 7930 qkm gut halb so groß wie Schleswig-Holstein".

Nennen Sie Namen

Das vermittelt Nähe, Identität und Glaubwürdigkeit. Bringen Sie – das gilt insbesondere für journalistische Texte – in jedem Fall Vor- und Nachnamen, und achten Sie auf die korrekte Schreibweise.

Nein: In Firmenkreisen hieß es allerdings, an der Darstellung sei „eher nichts dran".

Ja: Niklas Mauser und Kurt Kater von der Firma A sagten allerdings, ...

Natürlich gibt es Situationen, in denen Menschen nicht als Quelle genannt werden wollen. Sie haben ein Recht auf Vertraulichkeit. Hier ist die Schutzfloskel „Kreise" angebracht, besser aber sind konkretere Schutzfloskeln, wie: „Mitglieder der Firma A, die namentlich nicht genannt werden wollen, …". Auch eine als solche gekennzeichnete Namensänderung bietet sich an.

Führen Sie Beispiele an

Das macht Ihre Beschreibung plastischer und verständlicher.

Zeigen Sie Zusammenhänge auf

Beschreiben Sie den Kontext, in dem Ihre Sache interessant wird. Meistens hat sie eine Vorgeschichte oder eine Zukunftsperspektive, die genannt werden muss, damit die Bedeutung Ihrer Information klar wird. Häufig verleiht erst der zeitliche oder räumliche Vergleich Ihrer Sache das nötige Gewicht. Suchen Sie nach solchen Bezügen, stellen Sie sie dar. Das verdeutlicht dem User, warum er Ihren Text besser weiterlesen sollte.

Ein gelungenes Beispiel aus der Website-Kritik von Yahoo.de:

Vor 25 Jahren konnte der junge Drehbuchautor, Produzent und Regisseur George Lucas noch nicht ahnen, dass er im Begriff war, eine Saga zu erschaffen, die Generationen begeistern würde (…).

Die Rede ist von Star Wars, Ende der Siebzigerjahre ins „Film"-Leben gerufen und seit 1999 mit Episode I wieder auf der Leinwand. Wenn Sie alle Details über die Klassiker und die neue Trilogie erfahren möchten, so ist das Star Wars-Archiv genau das Richtige für Sie. Die Site bietet dem Fan

aktuelle Nachrichten, ein Lexikon sowie viele Infos zur Saga.

Wie schreibe ich ansprechend?

Die geeignete Ansprache zu finden, den User zum Weiterlesen zu motivieren – das ist eine Frage des Stils und des rhetorischen Geschicks. Anhand der folgenden Tipps können Sie Ihren Stil checken:

Bleiben Sie objektiv

Fakten wie Namen und Zahlenangaben müssen stimmen. Be first, but be right. Bemühen Sie sich um ausgewogene Argumente, vermeiden Sie Wertungen und Superlative. Verzichten Sie auf Selbstinszenierungen im Marketing-Jargon. Lassen Sie dem Leser seine eigene Meinung.

Bleiben Sie logisch

Halten Sie sich an einen roten Faden. Verpassen Sie Ihrem Text eine Gliederung, die der User gut nachvollziehen kann. Geben Sie dem User schon im Teaser einen Vorausblick auf die wichtigsten Punkte (die wichtigsten W), die der User dann im Text wiederfindet.

Reden Sie gerade heraus

Wählen Sie eine direkte Sprache. Vermeiden Sie Modalwörter wie „eigentlich", „vielleicht", „möglicherweise", „eventuell", „wahrscheinlich" und Modalverben. Im Internet zählt knappe, sachliche Information. Höflichkeitsgesten der Umgangssprache blähen die Textmenge, die der User scannen muss, auf.

Nein: *Wahrscheinlich wird es Ihnen gefallen …*

Ja: *Es wird Ihnen gefallen …*

Nein: Wir würden Sie gerne darauf hinweisen ...

Ja: Wir weisen Sie darauf hin...

Machen Sie's spannend

Durch rhetorische Fragen fordern Sie den User zum Mitdenken auf, auch wenn Sie de facto die Antwort vorgeben. Sie machen es spannender für ihn. Sie können auf diese Weise leicht und nachvollziehbar zum Gegenstand Ihres Textes oder zum nächsten Absatz überleiten.

Ein Beispiel aus der Website-Kritik von Yahoo. de (Spannung):

Wo entstehen Innovationen? In einem Labor in Japan? In den Bürokomplexen eines Hi(gh)tech-Unternehmens im Silicon Valley? Sie werden es nicht glauben, aber in Deutschland gibt es ein (...) unscheinbares Gemäuer, in dem die Produkte von morgen gemacht werden. Die Rede ist von der Burg Rheineck in Bad Breisig.

Beispiel aus der Website-Kritik von Yahoo.de (Überleitung):

Jetzt, da Sie ungefähr wissen, wie der Browser funktioniert, wo soll es denn hingehen? Was sollte man tun? Hierauf gibt es keine eindeutigen Antworten.

Werden Sie persönlich

Wählen Sie eine dialogische, direkte Sprache. Sprechen Sie den User persönlich an, erwähnen Sie seine Benutzermotive. Beziehen Sie ihn durch Frage und Antwort in ein fiktives Gespräch ein.

Ein Beispiel liefert der Text auf der Startseite von Coca-Cola:

Schön, dass du auch hergefunden hast!

Hier gibt's zwar keine neuen Lebensformen, dafür aber Unmengen an coolen Features und jede Menge Fun.

Schnall dich gut an – und los geht's!

Ach ja, am besten sagst du deinen Freunden noch schnell Bescheid, dass du dich heute ein wenig verspätest...

Wie willst du starten?

Politisch korrekt – aber in Maßen

Vermeiden Sie umständliche Wortkonstruktionen wie „Liebe InternetuserInnen". Sie sind sehr schwer zu lesen. Weisen Sie lieber an geeigneter Stelle darauf hin, dass Sie den einfacheren Sprachgebrauch aus Gründen der Verständlichkeit gewählt haben. Häufig allerdings kann man einen geschlechtsspezifisch markierten Begriff durch einen neutralen ersetzen, ohne die Einfachheit und Anschaulichkeit aufs Spiel zu setzen. Schreiben Sie statt „... aus aller Herren Länder": „... aus vielen Ländern"; nennen Sie entweder auch den Mann zu Hause „Hausmann" oder den erlernten Beruf der Frau, die zu Hause ist, anstelle von „Hausfrau".

Nutzen Sie die Fachsprache im B2B (Business to Business) ...

... sofern Sie eine im B2B agierende Zielgruppe haben. Eine Fachsprache ist unter Fachleuten die angemessene Sprache.

Beachten Sie Corporate Wording, die unternehmerische Schreibkultur

Beim Lesen der einzelnen Webpages sollte der User die Firmenidentität spüren, auch wenn sie von unterschiedlichen Menschen geschrieben wurden. Dies transportieren Sie über eine homogene Unternehmenssprache (Terminologie, Orthografie, Stil), die auf alle Bereiche der Unternehmenskommunikation abgestimmt ist.

Rhetorische Kunstgriffe

Rhetorische Figuren kennzeichnen einen guten Stil. Sie bringen Rhythmus und Anschaulichkeit in Ihre Sprache und machen den Text dadurch interessanter, Ihren Ausdruck gewandter. Die folgende Sammlung bietet Anhaltspunkte, wie Sie die Aufmerksamkeit des Lesers wecken und auch trockene Informationen mit Pep darstellen können.

Alliteration

Die Alliteration ist ein Stabreim. Zur Verstärkung der Satzaussage werden mindestens zwei Anfangsbuchstaben oder -silben wiederholt.

Bei Wind und Wetter ...
Anschauen, anfassen, anwenden!

Anapher

Jeder Satz beginnt mit dem gleichen Wort. Vermeiden Sie jedoch mehr als drei Wiederholungen, sonst wirkt es penetrant.

Mehr Internet. Mehr Kommunikation. Mehr, als Sie erwarten. (Werbung für ein Office-Programm von Microsoft)

Anspielung

Ein versteckter Hinweis auf eine Person, einen Sachverhalt oder eine Begebenheit, eine bekannte Redensart oder Bezüge zu Liedern, Film- und Werbespots, die der Adressat kennt.

Er (der Bart) sprießt nicht zur Weihnachtszeit. (Weihnachtsanzeige für Rasierapparate)

From a land, where a palm is still a tree and not an organizer. (Werbung für Bacardi Rum)

Antithese

Eine Antithese ist eine Gegenüberstellung logisch entgegengesetzter Begriffe, ein Gegensatz.

Des einen Sieg ist des anderen Niederlage.
Alle wissen, was geschehen ist, aber keiner sagt etwas.
Der Tag geht, Johnny Walker kommt. (Werbung für Johnny Walker Whiskey)

Personifikation

Die Vermenschlichung von Gegenständen oder abstrakten Begriffen nennt man Personifikation.

Mutter Natur; Uncle Sam

Metapher

Eine Metapher ist ein bildhafter Ausdruck, der zwei sehr unterschiedliche Bedeutungen verbindet. Wie ein Vergleich ruft sie in der Vorstellung des Lesers Bilder von vertrauten Gegenständen, Abläufen und Situationen hervor. Im Unterschied zum Vergleich kommt die Metapher ohne das Wort „wie" aus. Mit einer Metapher deuten Sie Analogien an, ohne sie zu benennen.

Vergleich: *Stumm wie ein Fisch*

Die Metapher:
Der lange Arm des Gesetzes
Unser silbernes Kamel
(Werbung der Saudi-Arabien-Airlines)

Wortspiel

Ein Wortspiel ist ein geistreiches Spielen mit klangähnlichen, aber bedeutungsverschiedenen Wörtern oder Ausdrücken.

Sie fürchten keine Verhandlungen, aber handeln auch nie aus Furcht.

Sie machen drei Kreuze, wenn Sie nur an die Wahlen denken? Dann schnell bei btw2002.de vorbeigeschaut, damit Sie auch wissen, wo Sie ankreuzen!

Klimax

In einer Klimax werden Begriffe in dichter Folge (meist in einer Dreigliederung) aneinandergereiht und damit in ihrer Aussage einprägsam gesteigert. Ein berühmtes Beispiel ist der Spruch von Julius Cäsar:

Ich kam, sah und siegte.

Wir müssen unsere Kunden interessieren, überzeugen, gewinnen und dauerhaft an uns binden.

Chiasmus

Wenn der zweite Satz mit der Aussage beginnt, die den vorangehenden Satz abschloss, haben Sie es mit einem Chiasmus zu tun. Er hebt die Aussage des Satzes hervor:

Das Gerät ist sehr elegant.
Elegant ist auch das Gestell.

Alles braucht seine Zeit

Wenn Sie Texte im Web verfassen, die wie eine Nachricht aufgebaut sind (das Wichtigste zuerst), müssen Sie auch die für das Nachrichtenschreiben typischen Tempi (Zeitformen) verwenden.

Perfekt, Imperfekt und Plusquamperfekt

Da Nachrichten meist von Ereignissen in der Vergangenheit handeln, werden sie in den Tempi Imperfekt, Perfekt und Plusquamperfekt geschrieben. Für das nachrichtliche Schreiben haben sich folgende Regeln herauskristallisiert: Im Unterschied zur Alltagssprache wird in der Regel das Imperfekt benutzt (er schrieb), seltener das Perfekt (er hat geschrieben), weil das Imperfekt die Botschaft in einem Wort vermittelt und so schwer scannbare, zusammengesetzte Verben vermeidet. Der Einstiegssatz einer Story steht jedoch häufig im Perfekt. Das Perfekt verknüpft die Nachricht mit dem Ereignis selbst.

Ein Beispiel aus der Online-Ausgabe des Tagesspiegels vom 30.10.2008:

Rund fünf Wochen nach dem Fund von verseuchten Milchprodukten aus China hat sich die Lage in Berlin laut Senatsgesundheitsverwaltung beruhigt.

Das Plusquamperfekt, die Vorvergangenheit, wird gebraucht, um Ereignisse zu schildern, die vor der eigentlichen Story passiert sind.

Ein Beispiel: *Der Watergate-Informant Mark Felt alias „Deep Throat" hat die Film- und Buchrechte seiner Vita verkauft. (…) Felt hatte Ende Mai nach mehr als drei Jahrzehnte währendem Leugnen zugegeben, der anonyme Informant der Reporter Woodward und Carl Bernstein gewesen zu sein.*

Präsens und Futur

Wird ein Ereignis angekündigt, steht diese Nachricht meist im Futur. Zur besseren Verständlichkeit gebrauchen Nachrichtenschreiber aber oft das Präsens, die Gegenwartsform. So umgehen sie wiederum Satzkonstruktionen mit zusammengesetzten Verben.

Ein Beispiel aus dem Online-Auftritt des Hessischen Rundfunks vom 1.10.2007:
Bahnkunden müssen sich am Freitag wieder auf gehöriges Chaos im Bahnverkehr einstellen. Die Gewerkschaft der Lokführer (GDL) streikt bundesweit, um ihre Tarifforderungen durchzusetzen. Die Bahn will aber einen kompletten Stillstand verhindern.

Bei Vorgängen, die zum Zeitpunkt der Berichterstattung noch andauern, wird der erste Satz im Präsens formuliert.

Ein Beispiel aus der Online-Ausgabe des Spiegels vom 4.11.2008:
Washington – Barack Obama ist klarer Favorit: Er hat große Chancen, als erster Schwarzer ins Weiße Haus einzuziehen. Sein republikanischer Rivale John McCain hofft im Rennen um die Nachfolge von Präsident George W. Bush noch auf einen Meinungsumschwung bei den Wählern in letzter Minute.

Auch die Headline, die Überschrift, steht meist im Präsens.

Kamerun bleibt Völker auf den Fersen
Indiens Luftfahrt-Maharadscha schlägt zu!

Alles braucht seinen Modus

Wenn Sie Texte fürs Web verfassen, die wie eine Nachricht aufgebaut sind (das Wichtigste zuerst), müssen Sie streng auf den richtigen Gebrauch der Modi (Indikativ, Konjunktiv) achten.

Konjunktiv oder Indikativ?

Diese Frage stellt sich immer dann, wenn Sie wiedergeben wollen, was jemand gesagt hat. Folgende zwei Regeln sind obligatorisch:
Wenn Sie das Gesagte in indirekter Rede wiedergeben, steht es grundsätzlich immer im Konjunktiv:

Nein: *FBI-Direktor Robert S. Mueller gab zu, dass dem Memorandum seinerzeit nicht die nötige Aufmerksamkeit gewidmet wurde.*

Ja: *FBI-Direktor Robert S. Mueller gab zu, dass dem Memorandum seinerzeit nicht die nötige Aufmerksamkeit gewidmet worden sei.*

Oder: *FBI-Direktor Robert S. Mueller gab zu, dem Memorandum sei seinerzeit nicht die nötige Aufmerksamkeit gewidmet worden.*

Den Indikativ dürfen Sie nur verwenden, wenn Sie das Gesagte in Anführungszeichen wiedergeben, einen direkten Quellenbezug herstellen (Herrn XY zufolge, nach Angaben, nach Mitteilung von, laut) oder Wie-Konstruktionen benutzen (wie Herr XY bemerkte).

- Wiedergabe in direkter Rede: Er appellierte an die Regierung, „die schwierige Lage des Handels nicht durch weitere administrative Belastungen zu verschärfen".
- Quellenbezug: Nun soll nach Angaben des rechtspolitischen Sprechers der Grünen, Volker Beck, das Gesetzesvorhaben im Juni ins Parlament eingebracht werden.
- Wie-Konstruktion: Wie die US-Küstenwache in Puerto Rico mitteilte, wurden mittlerweile erste Trümmer des Flugzeuges gefunden.

Weiterführende Literatur

Reiners, Ludwig: Stilfibel. Der sichere Weg zum guten Deutsch. München 2000, überarb. Taschenbuchausgabe. Dies ist ein Klassiker für die Pflege eines guten sprachlichen Ausdrucks, mit Übungen.

Schneider, Wolf: Deutsch für Profis. Wege zu gutem Stil. München 2001, überarb. Taschenbuchausgabe. Der ehemalige Leiter der Hamburger Journalistenschule gibt Tipps, wie Journalisten ihr Deutsch verbessern können.

Zimmermann, Günther: Texte schreiben einfach, klar, verständlich. Berichte, Präsentationen, Referate, Anleitungen, Mailings ... Göttingen 2005. Der Sprachwissenschaftlicher zeigt, wie (technische) Fachtexte so geschrieben werden, dass sie verstanden werden können.

■ Checkliste: Redigieren

Wenn Sie Ihren Text korrekt und verständlich, anschaulich und ansprechend geschrieben haben – woher wissen Sie, dass er tatsächlich korrekt und verständlich, anschaulich und ansprechend geschrieben ist?

Prüfen Sie Ihr Werk folgendermaßen:

☐ Lesen Sie die gedruckte Fassung, und untersuchen Sie sie auf Tippfehler.

☐ Lassen Sie den Text eine Zeit lang liegen, gewinnen Sie Abstand.

☐ Lesen Sie ihn laut.

☐ Lesen Sie ihn mit den Augen Ihrer Zielgruppe.

☐ Lösen Sie lange Sätze auf.

☐ Enttarnen Sie Ihre Lieblingsfüllwörter. Streichen Sie sie.

☐ Prüfen Sie Fakten und die Schreibweise akribisch.

☐ Geben Sie den Text einem Laien zum Gegenlesen, und integrieren Sie seine Anregungen.

☐ Lassen Sie sich in heiklen Fällen Zitate bestätigen, und holen Sie die Genehmigung der Geschäftsleitung ein.

Guter Stil für Suchmaschinen: Suchmaschinenoptimierte Texte

Wozu Search Engine Optimization?

Für die Zielgruppe zu schreiben ist die goldene Regel für alle Autoren. Online-Autoren interessiert aber nicht nur die Zielgruppe, sondern auch, wie die Leser zu den Texten kommen. Im Zweifelsfall per Suchmaschine: Der Internetuser öffnet eine Suchmaschine, tippt ein, was er sucht, und bekommt als Ergebnis tausende von Web-Seiten, gerankt nach deren angeblicher Relevanz und Übereinstimmung mit dem Suchbegriff. Der Vorgang folgt eigentlich einer ganz einfachen Logik – User wollen finden, Content-Anbieter wollen gefunden werden. Doch der Kampf um Aufmerksamkeit und um ein möglichst hohes Ranking des eigenen Web-Angebots ist längst entbrannt. Nicht grundlos! Studien zeigen, dass mehr als 90 Prozent der Internetuser ausschließlich die Angebote auf der ersten Ergebnisseite anklicken.

Die genauen Suchalgorithmen von Google und Co, die darüber entscheiden, in welcher Reihenfolge die Ergebnisse angezeigt werden, sind nicht bis ins letzte Detail bekannt und ändern sich oft. Als Reaktion darauf ist eine komplett neue Branche entstanden, in den letzten Jahren groß geworden unter dem Kürzel SEO (Search Engine Optimization). Ihre Dienstleistung besteht darin, die Betreiber von Websites zu beraten, wie ihre Angebote ein hohes Ranking erzielen. Vielfach dreht es sich dabei um technische Aspekte, die Sie als Redakteur nur begrenzt beeinflussen können – aber eines gilt mittlerweile als sicher: Mit der Auswahl der richtigen Schlüsselwörter (Keywords) und deren Platzierung in Online-Texten steht und fällt der Erfolg einer Suchmaschinenoptimierung von Texten im Internet. Denn die Schlüsselwörter verbinden den suchenden User mit dem Online-Text.

Die Wahl der Keywords ist der Schlüssel zum Erfolg

Als Online-Redakteur sollte man bei der Wahl der richtigen Keywords folgende Punkte bedenken:

Zum einen kann man sich bereits bei der Ausformulierung der Texte überlegen, welche Keywords den Text am treffendsten charakterisieren. Mögliche Quellen, die einem die Entscheidungsfindung erleichtern, sind die gängigen Webstatistik-Tools wie Google Analytics. Die meisten verfügen nämlich über die hilfreiche Möglichkeit (die sogenannten Logfiles), zurückverfolgen zu können, welche Suchbegriffe Personen eingegeben haben, bevor sie auf eine Seite kommen. Darüber hinaus existieren einige Stichwort-Tools, die bei der Wahl alternativer Begriffe helfen. Ranking-check.de beispielweise bietet den kostenlosen Service, sich verschiedene Wort-Kombinationen zu einem Suchbegriff angeben zu lassen. Ebenfalls hilfreich sind Webportale wie synonyme.woxikon.de oder kwmap.de auf denen Synonyme zu den Keywords gefunden werden können.

Zum anderen sollten Sie versuchen herauszufinden, nach welchen Keywords Ihre Zielgruppe sucht. Das gängigste Tool, um zu erfahren, nach welchen Begriffen Internetuser suchen, ist Google AdWords. Sortiert nach der durchschnittlichen Häufigkeit wird hier nach Eingabe eines Keywords aufgelistet, wie oft nach demselben in bestimmten Zeiträumen gesucht wird. Noch detaillierter sind die Informationen, die Google Trends unter www. google.de/trends bietet. Besonders spannend ist hier die Möglichkeit, Daten über die Häufigkeit zu bekommen, mit der in bestimmten Städten, Bundesländern und Ländern nach Keywords gesucht wird. Es ist kein Zufall, dass der Begriff „Maultaschen", ein urschwäbisches Gericht, von Internetusern in Stuttgart am häufigsten, in Städten wie Berlin oder Hamburg nie gesucht wird. Dass der Begriff „Hip Hop" in Santiago de Chile, gefolgt von New York und weiteren Städten in den USA, am häufigsten gesucht wird, ist zwar eine Überraschung – für Anbieter von Hip Hop-Musik und -Kleidung könnte dies aber bedeuten, dass sie vermutlich ihre Produkte auch auf Spanisch anbieten sollten.

Darüber hinaus kann es hilfreich sein, die Webseiten der Mitbewerber zu analysieren und nach geeigneten Keywords zu durchsuchen. Am einfachsten geht dies über sogenannte Keywordchecker wie auf www.abakus-internet-marketing.de/ tools/topword.html. Die „Meta-Keywords" im Quelltext können ebenfalls aufschlussreich sein (zu erreichen über Rechts-Klick auf die Seite).
Achten Sie bei der Keyword-Auswahl auch auf die Schreibweisen: Vor allem Plural und Singular sind oft sehr unterschiedlich bewertet. Umlaute, Sonderzeichen und Groß- und Kleinschreibung machen bei den Suchmaschinen in der Regel keinen Unterschied.

Zusätzlich zu einzelnen Suchwörtern können Sie auch Wortkombinationen auswählen: Statt etwa „Kärnten" auch „Ferienwohnungen Kärnten", denn oft wird nach mehreren Wörtern gesucht. Achten Sie bei der Auswahl von Wortkombinationen darauf, dass Substantive sehr viel häufiger verwendet werden als Verben.

Populäre versus spezielle Keywords

Eine weitere wichtige Entscheidung, die Sie treffen müssen, ist die Wahl zwischen populären und speziellen Keywords. Stellen Sie sich vor, Sie schreiben Artikel für ein Motorsport-Portal und entscheiden sich dafür, das Wort „Motorrad" als ihr Keyword besonders häufig im Text unterzubringen. Dieses wird sicherlich häufig gesucht – zweifelsohne aber auch häufiger von Online-Redakteuren verwendet, das heißt die Chance auf ein gutes Ranking Ihres Textes sinkt. Vice versa verhält es sich mit speziellen Keywords, beispielsweise die genaue Modellbezeichnung eines Motorrads wie „Kawasaki KX". Dieses Keyword wird zwar eventuell von weniger Personen gesucht werden, Ihnen dafür aber eventuell ein höheres Ranking in den Suchmaschinen ermöglichen. Der Begriff Motorrad wurde im Dezember 2008 151 Millionen Mal gesucht, Kawasaki KX hingegen nur knapp über 60 000 Mal. Aber wenn Sie einen Artikel über genau dieses Motorrad geschrieben haben, werden diejenigen User, die genau danach gesucht haben, wesentlich häufiger Ihre Website anklicken und Ihren Text lesen.

Platzierung der Keywords innerhalb des Texts

Genauso wichtig wie die Wahl der richtigen Keywords ist, sie im Text zu verwenden. Und zwar in der richtigen Häufigkeit. Nicht zu selten, die Software muss erkennen, dass das Schlüsselwort für Ihren Text wichtig ist. Wenn Sie es inflationär setzen, dann verdächtigt Sie die Suchmaschine des Spams und streicht Sie aus der Trefferliste. Die

Zahlen schwanken, aber Ihre Suchwörter sollten einen Anteil von rund 3 bis 5 Prozent an der Gesamtwortzahl haben.

Zweitens ist es auch entscheidend, wo Sie die Schlüsselwörter platzieren und wie diese hervorgehoben sind. Die Suchmaschinen können nicht „verstehen", um was es in einem Text geht. Also brauchen sie Indizien: Wenn ein Wort in der Überschrift vorkommt, dann wird es sicher wichtig für das Textthema sein. Als Faustregel gilt: Platzieren Sie Ihre Keywords so prominent wie möglich. Die prominenteste Stelle ist die URL. Wenn Sie die Domain www.suchmaschine.de haben, werden Sie bei der Suche nach „Suchmaschine" immer ganz oben stehen. Hier hat ein Autor oft wenig Einfluss. Die zweite Stelle ist der Seitentitel – er erscheint häufig als Text in der Trefferliste. In einigen Content Management Systemen (CMS) kann der Autor den Seitentitel eingeben.

Überschriften und Zwischenüberschriften sind die nächsten wichtigen Stellen, und hier ist der Autor ganz eindeutig gefragt. Wenn er hier seine Keywords nicht unterbringt, dann hat er geringe Chancen auf einen oberen Listenplatz. Auch Teaser oder etwa Bildunterschriften sind solche wichtigen Stellen im Text, die Sie berücksichtigen sollten.

Falls Sie vorhaben, Links in Ihren Text einzubauen, dann verlinken Sie am besten Ihre Keywords. Positiv auf das Ranking wirken sich Links aus, die auf Seiten verweisen, die die gleichen Keywords enthalten wie der Text, von dem aus verlinkt wird.

Suchmaschinenoptimierung ist nicht unumstritten

Manche Autoren sehen sich bei der Berücksichtigung der SEO-Regeln in ihrer künstlerischen Freiheit eingeschränkt. Gerade in journalistischen Kreisen ist Suchmaschinenoptimierung nicht unumstritten. Im Juni 2008 veröffentlichte horizont.net einen Artikel, in dem Sueddeutsche.de-Chef Hans-Jürgen Jakobs eine SEO-Konvention gegen „Manipulationen" fordert. Er bezeichnete „exzessive SEO" als „journalistische Wettbewerbsverzerrung".

Suchmaschinenoptimiertes Texten mit Manipulation gleichzusetzen geht sicher etwas zu weit. Doch es gibt durchaus Stimmen, die vor Gefahren warnen, die eine Fokussierung auf Suchmaschinen mit sich bringen kann. Ziel des Online-Journalismus kann nicht ein „Einheitsbrei" journalistischer Texte sein, die alle nach demselben Muster gestrickt sind.

Genau diesen Aspekt greift der Journalist Steve Lohr in seinen Artikel „This boring headline is written for google" in der New York Times auf und beschreibt die Gefahr der Langweile und den Kreativitätsverlust bei suchmaschinenoptimierten Überschriften – die nicht nur die Journalisten, sondern auch die Leser stören. Aus diesem Grund präsentiert die BBC-Website zwei unterschiedliche Überschriften: Auf der Startseite die kreative Überschrift, die den Leser ködern soll, und auf der Artikelseite die kurze Überschrift mit den wichtigen Schlüsselwörtern zu Beginn.

Das überraschende Resümee von Lohr: Kein Autor könne sich von den Zwängen seines Mediums frei machen. Und im Journalismus gehen Traditionen auf Innovationen zurück. Die Technologie mache zwar zunächst Vorgaben, aber die Menschen werden darüber entscheiden, auf welche Weise sie tatsächlich umgesetzt werden.

Es ist sicher keineswegs verwerflich, einen Artikel für den Leser im Netz besser auffindbar zu machen. Und die wichtigsten Grundregeln der Suchmaschinenoptimierung gehören zum Handwerkszeug eines Online-Redakteurs. Andererseits lebt der Online-Journalismus von der stilistischen Vielfalt der Texte und Darstellungsformen.

Wie eine Suchmaschinenoptimierung aussieht, muss zum einen in der Konzeption festgelegt und zum anderen in der konkreten Situation entschieden werden. Hierbei spielen eine Reihe Faktoren eine Rolle: die Art der Website, die Zielgruppe, die Text-Gattung und die Rolle der einzelnen Meldung – pauschale Aussagen lassen hier kaum machen.

Auf einen Blick! Die Checkbox zum Verfassen suchmaschinenoptimierter Texte

Seitentitel („title tag")

☐ Ist Ihr Seitentitel aussagekräftig?
☐ Sind die ein bis drei wichtigsten Keywords im „title tag"?

Textstruktur

☐ Haben Sie eine Überschrift?
☐ Ist Ihre Überschrift zu lang? Je kürzer desto besser.
☐ Gibt es einen Teaser?
☐ Können Sie noch Zwischenüberschriften einbauen?
☐ Haben Sie die wichtigsten Wörter fett gesetzt?

Schlüsselwörter

☐ Haben Sie die richtigen Keywords gewählt?
☐ Ist die Schreibweise Ihrer Keywords gängig?
☐ Kommt das wichtigste Keyword in Ihrer Überschrift vor?
☐ Kommen die Keywords am Anfang Ihres Textes vor?
☐ Verwenden Sie Ihre Keywords in den Zwischenüberschriften?
☐ Wiederholen Sie Ihre Keywords sehr häufig?

Verlinkung

☐ Haben Sie Links zu externen Seiten mit ähnlichem Inhalt?
☐ Haben Sie Ihren Text intern verlinkt?

Grafiken und Bilder

☐ Gibt es Text als Grafik auf der Seite?
☐ Ist ein Keyword in einer Grafik versteckt?
☐ Haben Sie eine Bildunterschrift?
☐ Gibt es einen Alt-Text, also einen Text, der das Bild ersetzen kann?

7. Hypertext: Aufwerten durch Verknüpfen

„Was es heute zu denken gilt, kann in Form der Zeile oder des Buches nicht niedergeschrieben werden."

Jacques Derrida, 1967

Hypertext: Die Grundlagen

In den 1990er Jahren wurde viel Wind um die „Revolution der Medienlandschaft" gemacht. Das Ende der „Gutenberg-Galaxis" wurde propagiert. Die neuen elektronischen Medien traten ihren Siegeszug an, und in ihrem Gepäck hatten sie viele neue Phänomene und Wörter. Eines, das immer wieder in Zusammenhang mit Internet oder World Wide Web fällt, ist „Hypertext". Besucht man eine Website, sieht man zwar viel mehr Bilder und Animationen, aber ein Text auf dem Bildschirm sieht nur unwesentlich anders aus als ein Text in einem Printmedium. Was ist das Besondere am Hypertext?

Definition Hypertext:
Hypertext ist nach wie vor Text. Er ist nur kein Text mehr, der dem Leser allein durch sein Erscheinungsbild suggeriert, man müsse ihn von vorne bis hinten durchlesen. Hypertext ist nicht-linear und ist insofern mehr als Text, weil er Verweise enthält, die über den sichtbaren Text hinausgehen.

Lineare und nicht-lineare Medien
Lineare Medien übermitteln Daten in einem zeitlich fest vorgegebenen Nacheinander, das bei der Rezeption gar nicht oder nur schwer unterlaufen werden kann. Wenn Sie sich ein Musikstück auf Tonband anhören oder einen Film auf einer Videokassette ansehen, sind Sie an die zeitliche Reihenfolge der Daten gebunden, wie sie auf dem Träger erscheinen. Natürlich können Sie die Kassette vorspulen und zuerst Ihre Lieblingssequenz anschauen, aber wahrscheinlich werden Sie den Film von Beginn bis zum Ende anschauen.

Bei nicht-linearen Medien können die Daten in unterschiedlicher Abfolge aufgenommen werden. Als Rezipient können Sie an fast jeder Stelle einsteigen und die Richtung bestimmen. In diesem Sinn kann auch das Buch ein nicht-lineares Medium sein. Zwar präsentiert es die Daten in einem räumlichen Nacheinander – der Leser hat die Möglichkeit, darauf einzugehen und zum Beispiel der Erzählung zu folgen. Er kann aber auch partiell und quer gegen die Abfolge lesen.

Diese Freiheit des Lesers macht der Hypertext zum Prinzip: Es ist nicht mehr der Autor, der einen Pfad durch einen Text vorgibt, den man besser nicht verlässt, um den Text verstehen zu können. Vielmehr bestimmt der Leser, wann er welche Informationen aufnehmen will – dem Autor bleibt die Aufgabe, diese zur Verfügung zu stellen.

Das World Wide Web: Hypertext im Internet
Der Hypertext-Gedanke wurde und wird bis heute in verschiedenen Systemen umgesetzt. Wenn Sie sich zum Beispiel eine CD-Rom zum Thema „Dinosaurier" anschauen, haben Sie einen Hypertext vor sich: Unterschiedliche Informationshappen

aus Texten, Musik oder Videos sind dort zusammenstellt und es bleibt Ihnen überlassen, was Sie sich wann anschauen.

Bis in die Neunzigerjahre waren diese Systeme nicht nur thematisch, sondern auch räumlich isoliert, da sie auf unterschiedlichen Computern zu unterschiedlichen Zwecken installiert waren. Ihre CD-Rom beschränkt sich auf die Dinosaurier und auf Ihr CD-Rom-Laufwerk.

Das entsprach natürlich nicht der Hypertext-Utopie, einer Vernetzung des universalen Wissens. Über das Internet kann man von seinem eigenen Computer zuhause sitzen und ungehindert im WWW umherstreifen, dessen Informationen sich auf Rechnern der ganzen Welt verteilen. Das World Wide Web ist also ein einziger riesiger Hypertext!

Lost in Hyperspace

Das bedeutet, dass ein Hypertext im Vergleich zu einem traditionellen Text einen deutlichen Vorteil aufweisen kann: Beim herkömmlichen sequenziellen Schreiben bringt der Autor sein Wissen erst einmal in eine lineare Form, die dann der Leser wieder aufbrechen muss, um die Informationen in seinem Gedächtnis zu speichern. Beim Lesen von Hypertexten dagegen kann Wissen ohne den Umweg der „Linearität" aufgenommen werden. Wenn Hypertext dem linearen Text anscheinend überlegen ist, wo liegt dann das Problem?

Wenn Sie ein Buch lesen, wissen Sie immer, an welcher Stelle Sie sich gerade befinden, selbst wenn es keine Seitenzahlen hat. Sie können sich zunächst am Inhalt orientieren, wobei Sie sich fragen können: Was ist bisher passiert? Kenne ich die Situation oder die Umstände bereits? Dann war ich schon auf dieser Seite, folglich blättere ich ein paar Seiten nach vorne. Ist mir Vieles neu, dann muss ich zurückblättern. So nutzen Sie den linearen Aufbau des Textes.

Als Zweites können Sie Ihr Seh- oder Tastvermögen nutzen: Mit einem Blick erkennen Sie, ob Sie sich am Anfang, in der Mitte oder am Ende eines Buches befinden, da Sie immer gleichzeitig ein Teil (die Seite) und das Ganze (das Buch) sehen. Sie können auch mit den Händen ertasten, wie viel Sie schon gelesen haben und wie viel Sie noch lesen können.

Diese beiden Möglichkeiten stehen Ihnen im Hypertext nicht zur Verfügung. Die Module sind inhaltlich weitgehend abgeschlossen. Es gibt keine vom Autor vorgegebene Reihenfolge, nach der Sie sich richten können. Und dazu sehen Sie immer nur einen Ausschnitt des Hypertextes, das Ganze können Sie nicht so leicht erfassen wie bei den herkömmlichen Medien. Das führt zum grundlegenden Problem des Hypertextes: Es ist sehr leicht, die Orientierung zu verlieren.

Die Situation des Lesers wird dadurch noch erschwert, dass er im Hypertext mehr leisten muss als im linearen Text: nicht nur lesen und blättern, sondern gleichzeitig permanent Entscheidungen treffen, welchem Verweis er folgen will und welchem nicht. Seine Aufmerksamkeit ist gleichzeitig auf den Inhalt und die Benutzeroberfläche gerichtet. Dies kann den Leser leicht überfordern. In diesem Fall spricht man von kognitiver Überbelastung („cognitive overload").

Organisationsformen im Hypertext

Als Leser ist man im Hypertext also immer der Gefahr ausgesetzt, „verloren" zu gehen. Wie wichtig die Orientierung im Hypertext ist, wird auch an der Sprache deutlich: In einem Buch bewegt man sich, indem man blättert, im Hypertext bewegt man sich, indem man navigiert. „Navigation" ist ein Ausdruck aus der Seefahrt und bedeutet die Bestimmung des Standortes und des Kurses eines Schiffes. Sich von einem Knoten zum nächsten zu bewegen, bedeutet, sich immer wieder die Fragen zu beantworten: Wo bin ich, und wo will ich hin?

Den größten Einfluss darauf, wie gut sich ein Leser im Hypertext zurechtfindet, hat die Anordnung der Knoten, die aus der Verknüpfung entsteht. Im Prinzip kann man vier verschiedene Organisationsformen unterscheiden:

- die lineare,
- die gitterförmige,
- die hierarchische und
- die vernetzte Struktur.

Websites konzipieren

Websites strukturieren

Welche der vorgestellten Organisationsformen Sie für Ihre Website wählen, welche Möglichkeiten Sie Ihrem Leser bei der Navigation überlassen und wie Sie Ihre Links gestalten und formulieren, sind Aspekte, die über eine rein formale Gestaltung hinausgehen. Sie betreffen auch den Inhalt einer Website und damit denjenigen, der die Inhalte verfasst.

Das theoretische Rüstzeug für die Website-Konzipierung haben Sie, nun erhalten Sie einen Überblick für die praktische Umsetzung:

Der erste Schritt bleibt ganz konventionell: So wie Sie eine Gliederung der Hauptkapitel in einem Buch erstellen, unterteilen Sie erst einmal Ihre Inhalte in Hauptrubriken. Das hilft Ihnen, einen Überblick über Ihr Thema zu bekommen, und bietet Ihnen eine Orientierung, wie Sie Ihre Web-Präsentation strukturieren können und auf welche

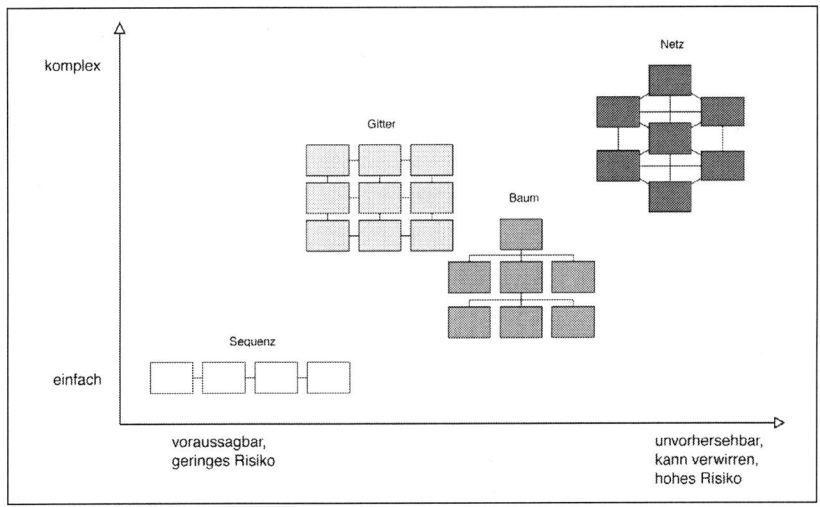

Abbildung 8:
Je größer die Freiheit, desto größer das Risiko, die Orientierung zu verlieren. Oder umgekehrt: Je größer die Sicherheit, desto weniger Informationen stehen dem User zur Verfügung. (Quelle: http://www.oxy.edu/~panero/WWWproj/paper.html)

Weise Sie Ihr Thema auf die einzelnen Knoten, in diesem Fall die Web-Seiten, aufteilen. Achten Sie schon bei der ersten Aufteilung Ihrer Leitthemen darauf, dass nicht nur Sie als Insider die Gliederung verstehen, sondern auch der User. Gerade bei der Präsentation von Unternehmen wird oft der Fehler gemacht, auf der Website die Struktur des eigenen Unternehmens abzubilden und darauf die Navigation aufzubauen. Doch dieses Vorgehen verlangt vom Besucher, sich mit der inneren Organisation des Anbieters auszukennen, oder zumindest die Bereitschaft, diese lernen zu wollen – ein höchst unwahrscheinlicher Fall.

Sie haben nun Ihr Thema oder Ihren Web-Auftritt in größere Abschnitte aufgeteilt. Aber wie sollen sich die Abschnitte zueinander verhalten? Wie wollen Sie Ihre Site strukturieren? Ein chaotisches freies Netz? Oder lieber doch „Eins nach dem Anderen"? Das hängt von Ihnen, Ihren Lesern und Ihrem Thema ab. Hier einige Hinweise.

Lineare Struktur: Der Tunnel

Auf einer Website mit linearem Aufbau sind die einzelnen Seiten in einer Reihe hintereinander gehängt. Man kann ihre Struktur auch mit einem Tunnel vergleichen: Es gibt einen Eingang und einen Ausgang, aber keine Abzweigung. Sie kön-

nen den Tunnel nur in zwei Richtungen befahren. So, wie Sie in einer Zeitschrift nur nach vorne und nach hinten blättern können.

Mit einer linearen Struktur nutzen Sie die Möglichkeiten des Hypertextes nicht und sind damit wegen der schlechteren Lesbarkeit von Bildschirmtexten den Printmedien unterlegen. Welchen Vorteil bietet eine Online-Ausgabe einer Zeitung, wenn sie wie die Papierausgabe nur von vorne nach hinten durchgeblättert werden kann? Man kann sie noch nicht einmal in der U-Bahn lesen.

In einigen Fällen kann eine lineare Struktur auch Vorteile bieten. Sie behalten als Autor eine relativ große Kontrolle darüber, was der User liest. Er hat keine Ausweichmöglichkeiten – außer er verlässt die Site. Dafür fühlt er sich sicher, da er immer weiß, wo er ist.

Ein sequenzieller Aufbau bietet sich deswegen überall dort an, wo der Leser ein Thema in linearer Reihenfolge abarbeiten soll, wie beispielsweise bei einer Anleitung. Darüber hinaus kann man sich den sequenziellen Aufbau zunutze machen, wenn man etwas alphabetisch (zum Beispiel ein Lexikon, Glossar etc.) oder chronologisch strukturieren möchte.

Abbildung 9:
Der Online-Auftritt der Stuttgarter Monatszeitung hat sehr unkonventionelle Hauptbereiche. Hier zeigt sich, dass man bei der Gliederung ruhig auch kreativ sein kann. (Quelle: www. goodnews-stuttgart.de)

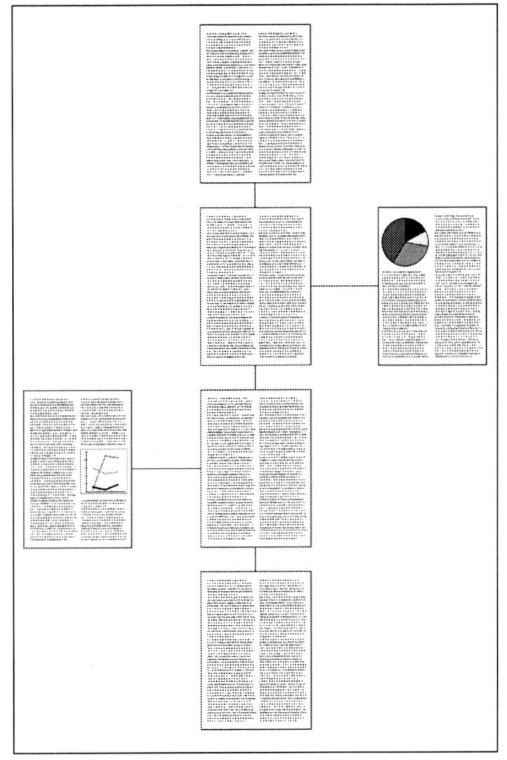

Abbildung 10:
Der Tunnel
– Seiten in
linearer
Anordnung

Abbildung 11:
Tunnel mit Seiten-
ausgängen

Grundsätzlich gilt: Lineare Strukturen sind gut, um Material online anzubieten, das auch offline eine ausgeprägte lineare Struktur besitzt. Eine lineare Organisation ist sehr streng und beschränkt sowohl die Freiheit, die Ihre Leser beim Erkunden der Seiten haben, als auch die Freiheit, die Sie selbst bei der Präsentation Ihrer Informationen haben.

Erweiterte lineare Struktur

Sie können die Starrheit einer linearen Struktur abschwächen, indem Sie den Lesern erlauben, vom Hauptpfad abzuweichen. Sie bieten also im Tunnel noch ein paar Nebenräume an. In einer Zeitschrift würde das einem „Infokasten" entsprechen, wenn beispielsweise in einem Artikel über

Rom als Reiseziel in einem abgetrennten Bereich ein Überblick über die Geschichte der Stadt gegeben wird.

Matrixförmige Struktur: Das Gitter

Das Grundprinzip des Gitters ist, dass keine Hierarchien existieren. Alle Web-Seiten stehen gleichberechtigt nebeneinander. Der Leser kann sich in zwei Richtungen bewegen: nach rechts und links sowie nach oben und unten. Als gedankliches Modell dient hier ein Gitter beziehungsweise eine Tabelle. Der Leser kann direkt auf eine von ihm gesuchte Information zugreifen, wenn er den Kreuzpunkt der Koordinaten anklickt. Leider sind Gitter schwer zu verstehen, solange der Benutzer nicht die Zusammenhänge zwischen den Informationsbestandteilen erkannt hat. Gitter sind also am besten für erfahrene Zielgruppen geeignet, die schon ein gewisses Basiswissen bezüglich des dargestellten Themas und seiner Struktur haben.

nach Unterhaltung und Zerstreuung. Gerade bei unterhaltsamen Themen – wie zum Beispiel Computerspielen oder experimenteller Literatur – kann eine verwobene Struktur einen ganz besonderen Reiz entwickeln. Völlig ungeeignet ist diese Struktur für die Vermittlung von grundlegenden Informationen.

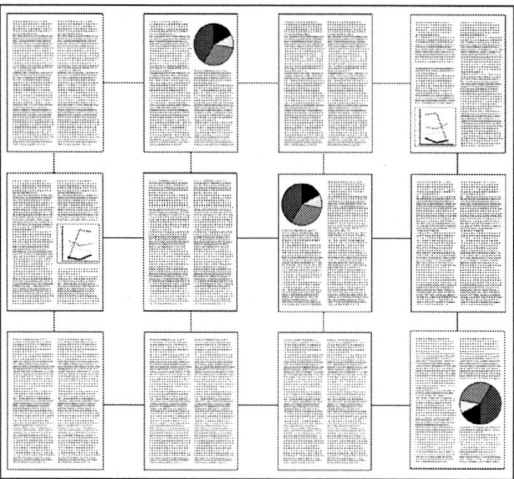

Abbildung 12: Seiten in Gitteranordnung

Verwobene Struktur: Das Netz

Genau wie das Gitter hat das Netz keine hierarchisch gelagerte Grundstruktur. Allerdings können jetzt theoretisch alle Seiten direkt miteinander verknüpft sein. Auf jeder Seite, die der User betritt, kann er den weiteren Verlauf selbst bestimmen. Dies macht das Navigieren zur Herausforderung. Daher sind Orientierungspunkte zwingend notwendig, damit der User nicht den Überblick und die Lust verliert.

Netze sind also lediglich für (kleine) absichtlich unkonventionell konzipierte Sites geeignet. Die Zielgruppe für solche assoziativen, oft linkreichen Netze stellen hochgebildete oder erfahrene Benutzer dar, die auf der Suche nach tiefgründigen, detaillierten Aspekten eines Themas sind – oder

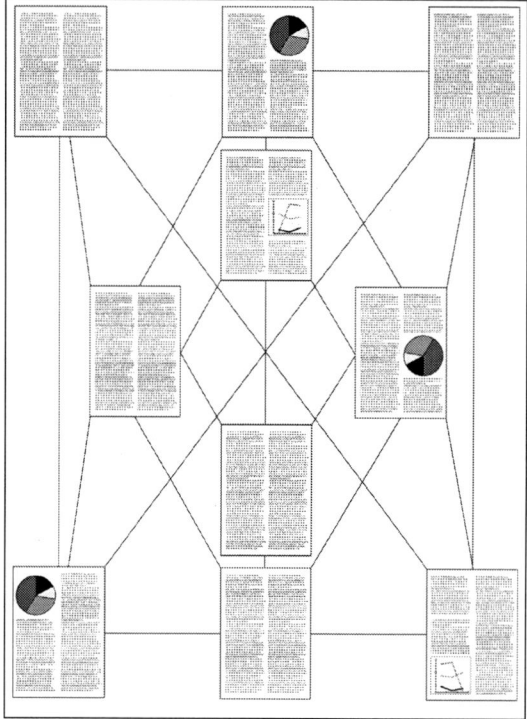

Abbildung 13: Im Netz kann jede Seite mit jeder Seite verknüpft sein.

Hierarchische Struktur: Der Baum

Eine hierarchische Gliederung Ihrer Web-Präsentation bietet wohl die meisten Vorteile. Dem Leser ist eine hierarchische Umgebung bereits aus anderen Zusammenhängen vertraut. Das Prinzip „vom Allgemeinen zum Besonderen" kennt er bereits von Stammbäumen, von wissenschaftlichen

Abhandlungen oder von Dateimanagern. Dadurch fällt es ihm leicht, sich auf den entsprechenden Seiten zurechtzufinden und auch seine Position innerhalb der hierarchischen Ordnung der Website zu erkennen.

Das Bild eines Baumes als leitendes Gedankenmodell ist vertraut und bietet ihm während der Navigation Sicherheit. Auch komplexe Informationen lassen sich auf diese Weise für den Leser leicht nachvollziehbar strukturieren. Die Homepage ist dabei die Ausgangsseite und wird in der Regel zuerst gelesen. Sie sollte eine Art Inhaltsverzeichnis mit Verweisen anbieten, damit der Besucher schnell einen Überblick bekommt und findet, wonach er sucht. Das Anbieten einer Verbindung zur obersten Stufe ermöglicht Ihren Lesern zudem, schnell und einfach zu einer bekannten Position zurückzukehren.

In dieser Ordnung gibt es einige Punkte, die berücksichtigt werden müssen, damit die genannten Vorteile zum Zug kommen. Bedenken Sie die Breite und Tiefe, das heißt die Anzahl von Auswahlmöglichkeiten auf jeder Ebene der Hierarchie und die Anzahl von Ebenen innerhalb der Hierarchie.

- Zu viel Tiefe: Sie zwingen Ihre Besucher, sich durch eine Menge von Ebenen zu klicken, um zum Ziel zu kommen.
- Zu wenig Tiefe: Ihr Besucher wird von zu vielen Optionen auf jeder Seite überflutet.
- Zu viel Breite: Schon beim Einstieg stehen Ihrem Besucher zu viele Möglichkeiten offen, mehr als zehn Optionen im Hauptmenü sind bei Weitem zu viel.

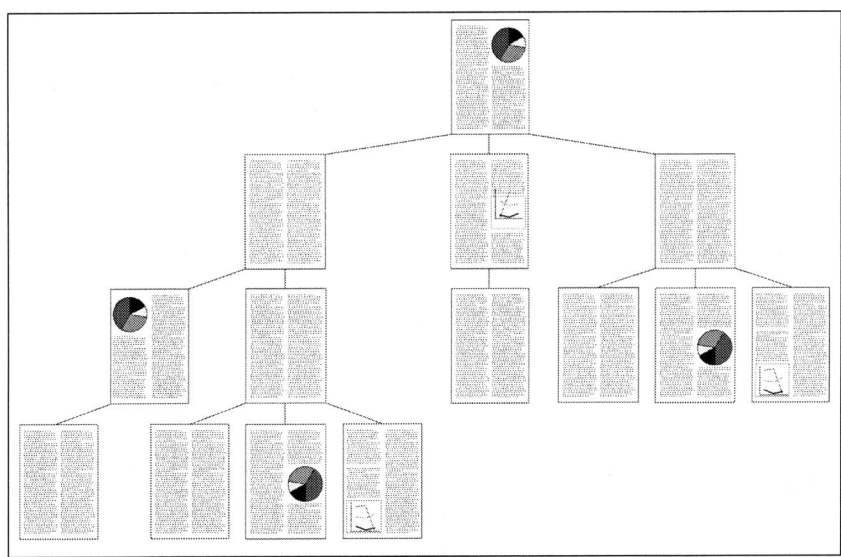

Abbildung 14:
Hierarchische Struktur
– der Baum

Strukturierungshilfen – Exkurs: Card-Sorting

Es ist nicht immer einfach, selbst festzustellen, wie bestimmte Inhalte in Beziehung zueinander stehen. Hierbei kann die Card-Sorting-Methode helfen:
Die Teilnehmer eines Card-Sorting-Prozesses erhalten einen ungeordneten Stapel von Karten. Dann werden sie aufgefordert, diese Karten so zu gruppieren, dass Beziehungen zwischen den einzelnen Elementen deutlich werden. Auf diese Weise legt die Methode das mentale Modell offen, das Personen nutzen, um Inhalte zu kategorisieren. Je mehr Personen an diesem Prozess teilnehmen, desto repräsentativer ist das erzielte Ergebnis.

Das Besondere an der Card-Sorting-Methode ist die bewusste Orientierung am User. Nicht die Vorstellungen eines Website-Designers, sondern die Inputs der User entscheiden über die Struktur der Website.

Es existieren zwei Varianten des Card-Sorting – ein offenes Card-Sorting und ein geschlossenes. Bei der offenen Variante erhalten die Teilnehmer Karten, ohne dass Ihnen festgelegte Oberbegriffe für die Gruppierung der Karten vorgegeben werden. Sie erhalten den Auftrag, die Karten nach Ihrem eigenen Ordnungsempfinden in Gruppen aufzuteilen.

→ Offenes Card-Sorting eignet sich vor allem, um einer Website oder einem Bereich einer Website eine neue Struktur zu geben oder diese neu aufzubauen.

Bei der geschlossenen Variante erhalten die Teilnehmer Karten, die bereits vorgegebenen Gruppen oder Oberbegriffen zugeordnet werden müssen.

→ Geschlossenes Card-Sorting ist sinnvoll, um neue Inhalte in eine bereits existierende Struktur einzufügen oder um das Ergebnis eines bereits abgeschlossenen offenen Card-Sorting zu überprüfen.

Ein Storyboard erstellen

Nun kennen Sie die möglichen Strukturen, die eine Website haben kann. Sobald Sie sich für eine der Strukturen oder eine Mischform entschieden haben, folgt der nächste Schritt. Nun ist es an der Zeit festzulegen, welcher Content auf welche Web-Seite kommen soll. Haben Sie das geschafft, überlegen Sie sich Navigationslösungen, die diese Seiten miteinander verbinden.

Wenn Sie eine der Strukturen in Reinform verwenden, ist die Festlegung der Navigation einfach. Sobald sich aber Mischformen ergeben oder der Inhalt nicht enden wollende Ausmaße annimmt, sollten Sie ein Storyboard erstellen, da sich der Content und die Navigation nicht wie von selbst zusammenfügen. Machen Sie sich einen genauen Plan.

Beispiel: Storyboard beim Film:
Sie kennen Berichte, die das „Making of ... " eines Filmes zeigen? Eine Szene kommt darin immer vor, gleich welcher Film gedreht wird: Man sieht eine Wand, auf der unzählige Skizzen und Notizen angeordnet sind. Auf dieser Wand haben der Regisseur und die Crew Bild für Bild festgehalten, was der Zuschauer in jeder einzelnen Szene wis-

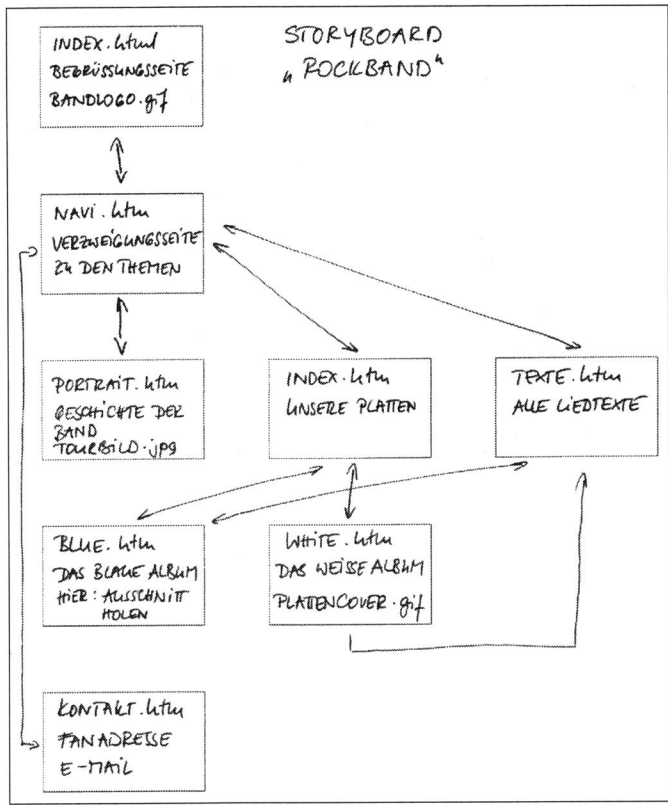

Abbildung 15:
So kann ein erster Storyboard-Entwurf für die Website einer Rockband aussehen.

sen, sehen, hören und fühlen soll – und in welcher Reihenfolge. Das ist das Storyboard des Filmes. Noch bevor eine Szene gedreht ist, wissen zumindest der Regisseur und sein Assistent, wie das Endprodukt aussehen wird. Nichts wird dem Zufall überlassen.

Genauso funktioniert auch die Planung einer Website. Bevor Sie überhaupt mit dem Schreiben Ihrer Seiten anfangen, entwerfen Sie eine Skizze für Ihre Präsentation, mit der Sie den Aufbau und die Verzweigungen Ihrer Web-Publikation visualisieren.

Die Skizze können Sie von Hand zeichnen: Jede Seite Ihrer Präsentation entspricht einem Rechteck, in das der Dateiname, der Verzeichnisort der Datei, eine Inhaltsangabe und eventuell Angaben zu den Grafiken eingetragen werden. Mit Pfeilen zwischen den Rechtecken können Sie die Verbindungen zwischen den Seiten (Links) darstellen. Natürlich gibt es bereits eine große Anzahl von Software-Programmen, die Ihnen zumindest das Freihandzeichnen abnehmen, wie zum Beispiel Visio oder Dreamweaver.

Mit Hilfe einer solchen grafischen Darstellung können Sie alle Seiten nacheinander entwickeln, ohne sich jedes Mal erneut Gedanken machen zu müssen, wohin die jeweilige Seite innerhalb der Gesamtpräsentation gehört und wie deren häufig komplexe Beziehungen zu anderen Seiten aussehen.

Ein Storyboard erleichtert auch das Arbeiten im Team. Gerade im Fall von umfangreichen Dokumenten entwickeln oft verschiedene Leute die einzelnen Teile derselben Web-Präsentation. Mit einem klaren Storyboard hat jeder Mitarbeiter schnell im Blick, wie sein Arbeitsbereich in die Präsentation eingebunden ist.

Worauf Sie beim Erstellen eines Storyboards achten sollten

Sie haben sich bereits im Vorfeld Gedanken darüber gemacht, welches Ihre Hauptthemen sind und wie Ihre Website strukturiert sein soll. Sie haben eine Art groben Plan. Mit dem Entwurf eines Storyboards geht es darum, diesen Plan zu verfeinern. Dabei stellen sich einige neue Fragen:

Wie viele Seiten soll Ihre Website haben? Oder: Welche Themen sollen auf Ihrer Website vorkommen? In einem Hypertext-System sind die Fragen synonym. Denn es gilt: Ein Seite repräsentiert ein Thema. Allerdings müssen Sie sich nicht unbedingt an dieses Prinzip halten. Wenn Sie sehr viele Themen haben, können Sie erwägen, kleinere verwandte Themen auf einer Seite zusammenzufassen.

Doch es gilt die Regel der Balance: Es ist besser, einige Seiten mittlerer Größe zu haben (im Umfang von zwei bis zehn Seiten in Ihrem Textverarbeitungsprogramm) als eine gigantische Seite mit enormer Ladezeit oder Hunderten von winzigen Häppchen.

Zu einer Website gehören auch Seiten, die keinem Thema zugeordnet sind, sondern vor allem formale Funktionen übernehmen. Wollen Sie eine Seite für ein Inhaltsverzeichnis, eine Sitemap oder einen Index reservieren? Wie soll Ihre Einstiegsseite, die Homepage aussehen?

Die Homepage ist der »Kopf« Ihrer Gruppe von Web-Seiten. Sie ist der Ort, an dem die meisten Leute beginnen werden, Ihre Web-Präsentation durchzugehen, und die erste Seite, die Ihre Leser sehen werden. Da die Homepage der Startplatz für den Rest der Informationen in Ihrer Präsentation ist, überlegen Sie, welche Art von Information Sie in die Homepage packen. Eine allgemeine Zusammenfassung dessen, was kommt? Eine Liste mit Verbindungen zu den anderen Themen?

Die Konzeption einer Website entspricht in Vielem dem Prinzip des Textaufbaus: Das Wichtigste in Kürze zuerst. Je höher die Hierarchie-Ebene, desto wichtiger und kompakter sollte die Information sein. Die Homepage nimmt eine Spitzenstellung ein: ein Ort für die allerwichtigsten Infos, die vor allem der Orientierung des Lesers dienen sollen. Dazu gehört auch die Vorstellung der „Hauptverkehrswege" auf Ihrer Website, die sich aus der gewählten Struktur ergeben: In einer hierarchischen Web-Präsentation etwa verbinden diese Hauptverkehrswege die einzelnen Ebenen in vertikaler Richtung.

Wenn Sie die Verknüpfungen (am besten als Richtungspfeile) einzeichnen, können Sie leicht überprüfen, ob sie ausreichend sind, damit Ihr Leser die Ziele ansteuern kann, die er schnell erreichen soll. Sind Ihre Hauptverkehrswege zu umständlich? Dann können Sie entweder die Struktur der Site noch einmal überarbeiten, oder Sie bieten Ihrem Leser Seitenpfade an, auf denen er Ziele schneller erreichen kann. Damit erreichen Sie bei einer hierarchischen Struktur einen höheren Grad an Vernetzung und für den Leser eine schnellere Navigation. Als Orientierungshilfe können Sie die Faustregel zu Hilfe nehmen, dass jede Seite Ihrer Präsentation mit drei bis maximal vier Mausklicks erreicht werden kann.

Hier eine Checkliste für die unentbehrlichen Links auf jeder Seite.

Checkliste

Links zu folgenden Seiten sollten auf jeder Seite Ihrer Präsentation zu finden sein:

Zur Homepage der Website
Viele Besucher gelangen über Querverweise oder globale Suchmaschinen mitten in Ihre Website. Sie betreten also Ihr Haus durch ein Fenster in ein Zimmer. Geben Sie ihnen die Chance, jederzeit durch Ihre Haustür hereinzukommen.

Zu übergeordneten Seiten der Website
Verweise zur übergeordneten Seite in der Hierarchie helfen, die lokale Orientierung zu gewinnen.

Zu den wichtigsten Navigationshilfen der Website
Die Besucher sollten jederzeit die Möglichkeit haben, ohne Umwege auf die Wegweiser, die Sie Ihnen zur Verfügung gestellt haben, zuzugreifen. Bieten Sie dem User deshalb auf allen Seiten direkte Links zum Inhaltsverzeichnis, zur Sitemap, zur Suchmaschine oder zum alphabetischen Index an – je nach dem, was Sie als Navigationshilfen vorgesehen haben.

Wenn Sie Ihre Website entwerfen, Strukturen mit Inhalten verbinden, Storyboards zeichnen, sich Gedanken über Navigation machen, behalten Sie die wichtigste Frage immer im Auge: Was ist der Plot? Jedes Element und jede Idee in Ihrem Storyboard sollten Sie anhand dieses Fragenkatalogs überprüfen:

- Was sollen die Leser hier erfahren?
- Was sollen die Leser hier tun?
- Wohin sollen die Leser als Nächstes gehen?
- Wie kann ich es ihnen leicht machen?

Checkliste Storyboard

Welche Angaben sollten aus dem Storyboard ersichtlich sein?
- die Zahl der geplanten Einzelseiten
- eine kurze Inhaltsangabe zu den einzelnen Seiten
- die Struktur der Präsentation
- die Verbindung zwischen den einzelnen Seiten

Navigation auf Ihrer Website

Die Wegweiser

Sie haben Ihr Drehbuch geschrieben und darin vorgesehen, was Ihr Leser auf jeder Seite Ihrer Ansicht nach tun soll. Sie können aber kein Drehbuch schreiben, das alle Interessen und Absichten des Lesers berücksichtigt. Er sollte immer noch die Freiheit haben, sich auf Ihrer Website auf eine Weise zu bewegen, die Sie nicht vorgesehen haben. Gleichzeitig wissen Sie um das große Problem im Hypertext: Der Leser verliert leicht den Überblick.

Damit das nicht passiert, braucht der Leser ständig Antworten auf folgende Fragen:

- Wo bin ich?
- Wie kam ich hierher?
- Wie viele Orte gibt es noch?
- Was wird dort angeboten?
- Wie komme ich dorthin?

Kurz: Geben Sie dem Leser die gefragten Informationen, stellen Sie ihm Wegweiser zur Verfügung.

Navigationsleisten

… sind Ansammlungen von internen Links, die sich seitlich, am Kopf oder am Fuß jeder Seite befinden, sodass der User sie immer im Blick hat. Im Prinzip könnte dort jede Ihrer Seiten repräsentiert sein, aber das wird bei kleinen Websites schnell unübersichtlich. Bei hierarchisch aufgebauten Websites ist es sinnvoll, die Einstiegsseiten der Hauptkapitel aufzuführen. Die Unterpunkte können dann in einem Pulldown-Menü aufgelistet werden. Den meisten Benutzern sind solche Menüs vertraut, da die meisten Programme mit grafischen Oberflächen arbeiten.

Inhaltsverzeichnis/Sitemap

Jeder kennt das Inhaltsverzeichnis von Büchern, weswegen dieses ergänzende Navigationssystem sehr effektiv ist. Es bietet sich vor allem für große, hierarchisch organisierte Sites an. Ein gutes Inhaltsverzeichnis zeigt die Hauptebenen einer Site-Hierarchie, am besten in einer Gestaltung, die diese Hierarchie visuell wiedergibt. Es lässt sich einfach realisieren, sobald eine solide Hierarchie vorhanden ist. Für eine solche Übersicht ist heute der Begriff „Sitemap" gebräuchlich, allerdings zeigt eine Studie von 2003, dass die meisten User für solche Überblicksseiten „Seitenindex" oder „Seitenübersicht" bevorzugen. Wie auch immer Sie es nennen: Auf ein Inhaltsverzeichnis sollten Sie nicht verzichten! Ein neuer Besucher verschafft sich damit schnell einen Überblick über Inhalt, Umfang und Struktur einer Website und viele, die Ihre Site schon kennen, nutzen einen solchen Überblick, um eine „Abkürzung" zu einer bestimmten Seite zu nehmen. Das größte Problem bei Sitemaps ist, dass sie zu schwer zu finden sind, sie sollten von jedem Punkt Ihrer Präsentation mit einem Klick erreichbar sein!

Pfadangabe

Eine wichtige Orientierungshilfe für den User ist es, wenn ihm seine Position innerhalb der Website ständig klar ist. Mit Hilfe einer Pfadangabe, die von der Homepage die einzelnen Hierarchieebenen anzeigt, weiß der Leser, wo er sich befindet, und kann bequem andere Ebenen ansteuern. Für die Pfadangabe wird auch das Bild der Brotkrumen verwendet, die Hänsel und Gretel im Wald den Rückweg anzeigen sollten. Die einzelnen Krumen sind Kapitel, Hauptkapitel, Oberkapitel usf., geht der User sie von rechts nach links zurück, landet er am Schluss auf der Startseite. Steve Krug nennt in seinem Buch „Don´t make me think" folgende Eigenschaften einer idealen „bread crump"-Navigation:

- Sie befindet sich oben auf einer Seite.
- Sie ist in einer kleineren Schrift geschrieben als die anderen Texte.
- Sie enthält die Angabe „Sie befinden sich hier".

Die einzelnen Kapitel werden durch ein „>"
getrennt (Doppelpunkt oder Slash geht auch).

Die Seite, auf der man sich befindet, sollte fett
gedruckt und nicht anklickbar sein.

Index

Ein Site-Index ist eine alphabetische Begriffsliste.
Sie unterscheidet sich von einem Inhaltsverzeichnis dadurch, dass sie mehr Einträge und weniger
Hierarchieebenen hat. Dem Besucher sind Indices
aus Büchern bereits als wichtiges Werkzeug vertraut.

Über den alphabetischen Index ist es möglich, auf
besonders wichtige Informationen direkt zuzugreifen, vor allem wenn sich ein Benutzer in der
Struktur einer Web-Präsentation nicht zurechtfindet. Er hilft aber auch denjenigen Nutzern, die bereits exakt wissen, was sie suchen.

Lokale Suchmaschinen

Ein weiteres empfehlenswertes Navigations-Zu-
satzangebot sind kleine, lokale Suchmaschinen,
mit denen die Site nach Stichwörtern durchsucht
werden kann. Ein Link zur Suchfunktion sollte in
die Navigationsleisten integriert werden, sodass
sie von jeder Stelle der Site aus aufgerufen werden kann.

Die Ergebnisse sollten übersichtlich präsentiert
werden, am besten sollten die einzelnen Seiten mit
einer Kurzbeschreibung erklärt werden.

FAQ – häufig gestellte Fragen

Das Web und andere Internetmedien haben ein
einzigartiges Werkzeug hervorgebracht, die
FAQs- oder „Frequently Asked Questions"-Sei-
ten, auf denen die am häufigsten gestellten Fragen
von Benutzern mit den zugehörigen Antworten
stehen. Nutzen Sie ein solches Beratungszentrum,
um dem Leser einige Mausklicks zu ersparen.

Achten Sie immer darauf, dass Ihre Fragen nicht
zu präzise geraten und somit keine Basisinforma-
tion mehr vermitteln und dass sie nicht zu allgemein gestellt sind, da sonst kein Nutzen daraus zu
ziehen ist.

Links

Sie kennen Links bereits als die zentralen Elemente von Hypertexten. Querverweise, Fußnoten, Anmerkungen und Bibliografien sind ihre
„Cousinen und Cousins" in linearen Texten. Die
Verwandtschaft liegt darin, dass sie über den vorliegenden Text hinausweisen. Der Link selbst geht
einen Schritt weiter, er führt aus dem vorliegenden
Text hinaus. Die entscheidende Frage dabei ist:
Wohin führt der Link? Ein Blick auf die verwandt-
schaftlichen Verhältnisse kann helfen, verschiedene Arten von Links zu unterscheiden:
Ein Link kann – wie ein Querverweis – auf eine
Stelle im selben Text auf derselben Web-Seite
aufmerksam machen, in der man ergänzende In-
formationen finden kann oder in der ein ähnlicher
Gedanke erneut auftaucht. Damit gehört er zu der
Gruppe der seiteninternen Links.

Querverweise in Lexika verbinden mehrere Texte
in einem Buch. In einem Artikel unter dem Stichwort „Internet" verweist der Brockhaus auf das

Stichwort „WWW". Auch wenn man hier einen anderen Band aus dem Regal ziehen muss, bilden alle Bände eine Einheit, was schon am Einband zu erkennen ist. Auf das Internet übertragen wäre das Stichwort „WWW" der Link. Da er sich noch innerhalb der Website befindet, nennt man ihn site-internen Link.

Fußnoten und Literaturlisten enthalten oft Quellenbelege oder weiterführende Literatur. Der Link, der einer Fußnote am ähnlichsten ist, steht im Text und verweist auf eine externe Quelle, meist eine andere Website. Der Literaturliste entsprechen die Links, die oft unter der Rubrik „weiterführende Links" zu finden sind. Egal wo sie auf der Website zu finden sind, sie gehören zu den externen Links. Bei aller Verwandtschaft in der Funktion von Verweisen gibt es zwei wesentliche Unterschiede zwischen den Hypertext-Elementen in Printmedien und Links:

Links sind notwendig: Man kann sich gedruckte Nachschlagewerke ohne Verweise vorstellen, aber Hypertexte ohne Links sind undenkbar. Dies gilt besonders für site-interne Links, die zu den jeweils zentralen Dreh- und Angelpunkten der Site führen. Seiten, die nicht durch Links an Home-pages oder andere zentrale Knotenpunkte angebunden sind, heißen „Waisen" (Orphan Pages). Sie bleiben ohne Bezug zu einem übergreifenden Ganzen und werden auch nicht gefunden.

Links sind appellativ: Bei einem Link entfällt zeitraubendes Blättern oder der Besuch einer Bibliothek: Ein simpler Mausklick genügt, und man hat die entsprechende Seite auf dem Bildschirm. Das erhöht die Wahrscheinlichkeit, dass einem Verweis nachgegangen wird.

Arten von Links

Seiteninterne Links führen zu einem Ankerpunkt in der Seite selbst. Sie werden gebraucht, wenn es sich nicht vermeiden lässt, dass die Seite so lang wird, dass der User viel scrollen muss. Da kann ein verlinktes Inhaltsverzeichnis am Anfang einer Seite hilfreich sein. Der User kann vom Seitenanfang direkt an die Stelle der Seite kommen, die ihn interessiert. Seiteninterne Links können also eine lange Seite strukturieren.

Vergessen Sie nicht, in der Seite selbst Ankerpunkte zum Seitenanfang zu setzen.

Abbildung 16:
Eine Pfadangabe hilft bei der Orientierung.
(Quelle: www.schoellerbank.at)

Site-interne Links führen auf eine andere Seite der eigenen Web-Präsentation. Hier ist es wichtig, immer einen Weg zurück anzubieten. Setzen Sie zumindest einen Link zur Homepage oder zu einer Übersichtsseite. Keinesfalls darf der User nur über den Go-Back-Button der Browser zurückkommen. Externe Links führen aus der eigenen Web-Präsentation weg in eine andere Präsentation. Ein Problem ist immer die Gestaltung der externen Links. Soll ein Weg zurück in die eigene Website angeboten werden oder nicht? Sollen externe Verknüpfungen in einem abgetrennten Bildschirmbereich (Frame) oder in einem weiteren Fenster erscheinen, während die eigene Präsentation im Hintergrund sichtbar bleibt? Bei der Beantwortung dieser Fragen stehen Sie ganz alleine da, denn alle Möglichkeiten haben Vor- und Nachteile.

Das Problem beim abgetrennten Bildschirmbereich ist, dass die URL (Uniform Resource Locator) gleich bleibt. Das ist ziemlich verwirrend für den User und nicht „die feine englische Art", fremde Informationen unter der eigenen URL anzugeben. Außerdem kann diese Art von Links rechtliche Probleme verursachen.

Öffnet sich ein weiteres Fenster, gibt es eine Schwierigkeit: Irgendwann hat der User zu viele Fenster offen und findet sich in dem Durcheinander nicht mehr zurecht.

Viele Firmen haben sich für die einfachste Lösung entschieden: Das Fenster ihrer Website schließt sich einfach, und der User kommt ausschließlich zur neuen Adresse. Jetzt kann man nur noch hoffen, dass der User nach dem Besuch der Website wieder zur eigenen zurückfindet.

Die Chance ist ungleich größer, wenn Sie einen externen Link anders kennzeichnen als einen internen Link. Setzen Sie beispielsweise einen Pfeil vor den → Link. Tun Sie das nicht, kann es sehr leicht passieren, dass der User verärgert ist, weil er externe und interne Links nicht unterscheiden kann und aus Versehen einen externen Link anklickt und nicht mehr zu Ihrer Website zurückkommt.

Richtig linken und linke Links

Richtig zu linken ist genauso wichtig wie das Setzen der Links überhaupt. Links im WWW sind Hotspots und binden die Aufmerksamkeit des Users. Zu viele davon lassen ihn völlig den Überblick verlieren. Besonders wichtig ist die eindeutige Kennzeichnung des Links. Wie oft hätten Sie schon gut auf folgendes Szenario verzichten können? Sie lesen einen Text im Internet. Plötzlich sehen Sie eine sehr interessante Stelle, die auch noch unterstrichen ist. Sie freuen sich: Wunderbar, diese Website …

… und dann klicken Sie auf den Link. Was stellt sich heraus? Es war einfach nur unterstrichener Text. Dies ist nur ein Beispiel von vielen. Dennoch ist es nicht schwer, richtig zu linken. Sie müssen nur einige Regeln beachten. Manche davon, wie die Kennzeichnung des Links in blauer Farbe, sind schon fast ein Standard geworden.

Damit Sie nicht in die „Linkfalle" treten, erhalten Sie nun alle Informationen, die für richtiges Linken nötig sind:

Ihr Link muss blau sein. Diese Farbe hat sich ganz zwanglos im Internet eingebürgert. Durch die blaue Farbe ist jedem User, der mehr als einmal online war, klar, dass es sich hier um einen Link handelt.

Ein angeklickter Link wechselt die Farbe. Hier hat sich die Markierung Rot eingebürgert.

Geben Sie dem User mehrere Klick-Möglichkeiten. Kombinieren Sie am besten Grafiken und Links. Legen Sie Ihre Links hinter Buttons und Text, sodass der User nicht lange nach dem Link suchen muss.

Überlegen Sie genau, worauf Sie hinweisen wollen. Focus.de beachtete diese Regel nicht und schrieb: **GP von Italien: Schumachers Sieg von tödlichem Unfall überschattet.** Abgesehen vom formalen Fehler wurde kein genauer Hinweis gegeben, wohin der Link jetzt genau führt. Er könnte als sachliche Information folgendermaßen aussehen: **GP von Italien:** Schumachers Sieg von tödlichem Unfall überschattet. Für Schumi-Fans wäre eine andere Information wichtig: GP von Italien: **Schumachers Sieg** von tödlichem Unfall überschattet. Sensationshungrige würden sich über folgenden Link freuen: GP von Italien: Schumachers Sieg von **tödlichem Unfall** überschattet. Es gibt also viele Möglichkeiten, auf die Links hinführen. Wie immer ist wichtig: Machen Sie sich Gedanken, wen Sie ansprechen wollen und was den Leser interessieren könnte.

Im Text selbst hat der Link sekundäre Bedeutung. Fließtexte müssen auch ohne Links verständlich sein. Ein Link darf nicht dafür da sein, dass sich der User erst einmal durch einen Linkwald klicken muss, um den Sinn des Textes zu verstehen. Es bietet sich an, Links am Ende des Textes aufzuführen, damit der Lesefluss nicht gestört wird. Sollte der Link jedoch wunderbar in den Text hineinpassen, darf man im Fließtext linken.

Links müssen aktuell sein. Sie kennen das ganz sicher: Sie klicken auf einen Link und dieser führt in die Leere oder ergibt eine Fehlermeldung. Die Begeisterung ist nun natürlich groß, wahrscheinlich so groß, dass der User vor lauter Glück… auf dem schnellsten Weg Ihre Website verlässt. Investieren Sie die Zeit, um Links aktuell zu halten, und Sie werden zufriedene User haben.

Link-Benennung

Link-Bedeutungen können sich überschneiden, was Fehlererwartungen, Verwirrung, Zeitverlust, Anstrengung und Frustration des Users zur Folge hat. Link-Bedeutungen können aber auch voneinander unabhängig sein, was zu Verständlichkeit, Ergonomie und Zufriedenheit des Users führt. Benennen Sie Links klar und deutlich. Das ist oft gar nicht so einfach, weil bestimmte Sachverhalte in nur einem Wort getroffen werden müssen. Vermeiden Sie unklare und inhaltlich „leere" Begriffe, wie etwa : „Wir über uns", „Vision", „Verschiedenes", „Grußwort". Darunter kann sich der Leser beim besten Willen nichts vorstellen. „Verschiedenes" kann alles sein, der User wird also nur im Notfall diesen Link anklicken. Machen Sie verständliche Aussagen: „Preisvergleich", „Online-Services", „Gratis", „Know-how", „Unterhaltung". Der User wird mit Sicherheit auf einen dieser Links klicken, wenn ihn eines dieser Themen interessiert.

Das Wichtigste bei der Link-Benennung ist – genau wie bei der Konzeption der Website – die Perspektive des Users einzunehmen. Prüfen Sie, ob die verwendeten Wörter tatsächlich geläufig sind oder nur in Ihrem Umfeld oder Unternehmen verstanden werden. Interne Produktnamen oder Abteilungsbezeichnungen sind im seltensten Fall verständliche Links. Originalität ist bei der Linkbenennung nicht gefragt, schließlich heißen Rubriken aus gutem Grund sowohl in der Süddeutschen Zeitung als auch in der FAZ „Politik", „Sport" oder „Feuilleton".

Gerade bei der Navigation sollten die Links am besten so benannt werden, dass sie „intuitiv" zu verstehen sind, der Anfänger genauso wie der Surf-Crack weiß, wohin er führt und was passiert, wenn er ihn anklickt. Zwar gibt es kein einheitliches Konzept für die Navigationsbegriffe auf deutschsprachigen Internetseiten, wie eine Studie von eResult aus dem Jahr 2005 zeigt. Trotzdem haben sich einige Link-Namen eingebürgert und werden von den Usern offenbar bevorzugt. Sie haben ganz eindeutige Erwartungen und Präferenzen, wie die Navigationselemente auf einer Website benannt werden sollen. So bevorzugen zum Beispiel 46 Prozent der Studienteilnehmer das Wort „Startseite" für die erste Seite einer Präsentation, 35 Prozent sind für „Home" und 10 Prozent für Homepage.

Checkliste Links

Ein guter Link hat mehrere Attribute, die ihn als solchen auszeichnen. Ein guter Link ist …

eindeutig: Der Link verweist unmissverständlich auf den Inhalt.

handlungsbezogen: Der Link macht deutlich, was der Benutzer tun kann.

konkret: Verwenden Sie einfache, visualisierbare Begriffe, aber keine Oberbegriffe.

erwartungstreu: Der Link hält, was er verspricht. Er führt weder ins Leere, noch verweist er auf eine falsche Information.

stimmig in Bild und Sprache: Icon und Label sind sinnvoll aufeinander abgestimmt.

überschneidungsfrei: Der Link unterscheidet sich eindeutig von anderen Links. Er verweist auf neue Informationen.

motivierend: Der Link kommentiert den Nutzen, damit der User den Link benutzen will.

Weiterführende Literatur

http://xanadu.net/: Ted Nelson stellt sein Hypertext-Projekt vor. Hier weht noch ein wenig von dem idealistischen Wind der Hypertext-Idee vor der Geburt des (kommerziellen) WWW.

http://www.drweb.de: In diesem Magazin gibt es (fast) alles, was Sie an Aufbau, Navigation oder Webdesign interessieren könnte. Stark praxisorientiert.

8. Der Newsletter – Content im Postfach

Sie stehen ein wenig im Schatten, doch zu Unrecht. Über Newsletter wird zurzeit wenig gesprochen, dafür werden sie gelesen. Technisch gesehen ist ein Newsletter eine E-Mail, die an einen bestimmten Abonnenten-Kreis verschickt wird. Je nach Unternehmer und Herausgeber kann ein Newsletter inhaltlich gesehen ein Magazin, eine Firmenzeitschrift oder eine reine Werbebroschüre sein. Genauso unterschiedlich sind die Gründe, warum Website-Herausgeber oder Firmen Newsletter einsetzen. Der Hauptnutzen ist aber auf jeden Fall die persönliche Ansprache der Leser und die Bindung von Lesern an ein Unternehmen, ein Portal, ein Magazin oder eine Website.

Der Newsletter stellt eine direkte, regelmäßige Verbindung zum Leser dar, ohne dass dieser selbst immer wieder aktiv werden muss. Im Internet ist ein Newsletter nahezu das wichtigste Instrument zur Kundenbindung – aber nur, wenn er gründlich konzipiert, sorgfältig geschrieben, umfassend redaktionell betreut wird und regelmäßig erscheint.

Umreißen Sie also die Zielgruppe, die Sie mit dem Newsletter erreichen wollen. Sie muss nicht unbedingt genauso groß sein wie die Zielgruppe Ihrer Website. Sie können auch mehrere Newsletter für unterschiedliche Zielgruppen anbieten. Die Online-Ausgabe der ZEIT bietet zum Beispiel sieben Newsletter an. Die Leser können so zwischen Wirtschafts-, Reise- und Kulturbrief wählen oder einfach mit dem „Bildungshappen" täglich ein Stück Allgemeinwissen geliefert bekommen.

Inhalte

Die meisten Abonnenten erwarten vom Newsletter einen Zusatznutzen. Je größer der Leser ihn einschätzt, desto größer ist seine Bereitschaft, den Newsletter auch zu abonnieren. Manche Leser zögern beim Entschluss, einen Newsletter zu bestellen, dafür müssen sie ja immerhin ihre E-Mail-Adresse angeben. Dafür wollen sie zumindest wissen, was sie erwartet, bevor sie sich zu einem Abo entscheiden. Informieren Sie Ihre Leser genau, welche Inhalte der Newsletter haben wird, wie oft er erscheinen wird und welche Vorteile ihm daraus erwachsen können. Ein Archiv mit den bisher erschienenen Ausgaben bietet sich hier an.

Was kann ein Mehrwert für den Leser sein? Eine pauschale Antwort darauf gibt es nicht, aber einige Tipps: Seien Sie exklusiv und bieten Sie Ihrem Leser Artikel zu Themen an, die er sonst nicht oder nur schwer finden kann. Oder liefern Sie ihm aktuelle News zu Themen, zu denen ein hoher Informationsbedarf besteht. Börsenbriefe sind Paradebeispiele für echten Mehrwert: Zum Kapitalmarkt gibt es sehr viele Informationen, wobei für Privatleute viele von ihnen gar nicht oder nur schwer zugänglich sind. Die ZEIT beispielsweise informiert die Abonnenten ihres „ZEITbriefs" schon am Mittwoch über die Themen der am Donnerstag erscheinenden Druckausgabe der Wochenzeitung. Der Mehrwert besteht hierbei darin, dass der Leser Informationen früher bekommt als der Nicht-Leser.

Manchmal bietet aber schon allein die Aufbereitung bestimmter Informationen, ein regelmäßiger Überblick über ein Thema oder die Zusammenstellung interessanter News einen wirklichen Mehrwert für den User. Auch in diesem Zusammenhang lautet das „Zauberwort" wieder „zielgruppenorientiert". Also, behalten Sie Ihre Zielgruppe immer im Blick und richten Sie sich sowohl bei der Auswahl der Themen als auch bei Ihrer Darstellung immer nach den Wünschen Ihrer Zielgruppe. Wenn Sie Ihren Lesern Gelegenheit geben, sich zu Ihrem Newsletter zu äußern, bekommen Sie mit den Leserreaktionen eine wichtige Informationsquelle für Ihren Newsletter.

Vorschläge für Inhalte:
- Marktbeobachtungen oder -analysen
- Aktuelle News zum Thema
- Besondere Trends, Tipps, Tricks, Rezepte
- Ausführliche Praxisbeispiele
- Neue Studien zu interessanten Themen
- Spezialangebote für Abonnenten
- Einladungen zu Veranstaltungen
- Aufschlussreiche Pressemeldungen

Ausgaben

Ein Newsletter sollte auf jeden Fall regelmäßig erscheinen. Es ist besser, einen Newsletter seltener erscheinen zu lassen, als ihn zwar wöchentlich anzukündigen, aber zu spät zu veröffentlichen. Denken Sie auch bei der Konzeption daran, dass es manchmal etwas länger dauern kann, bis Sie wirklich genügend qualitativ gute Texte, interessante Neuigkeiten oder auffallende Geschichten zusammenbekommen. Der zeitliche Abstand zwischen den Veröffentlichungen sollte auf der anderen Seite aber auch nicht so groß sein, dass sich

der Leser in der Zwischenzeit gar nicht mehr an Sie erinnert und nicht mehr weiß, dass er bei Ihnen einen Newsletter abonniert hat. Nur in Ausnahmefällen sollte ein Newsletter seltener als ein Mal im Monat erscheinen.

Die meisten Newsletter sind fest mit einer Firma oder einem Magazin verknüpft, sie erscheinen über längere Zeit regelmäßig ohne Beschränkung des Erscheinungszeitraums. Es bietet sich bei einigen Gelegenheiten aber an, einen Newsletter für einen begrenzten Zeitraum zu offerieren. Ihre Firma wird bei einer wichtigen Messe vertreten sein? Dann könnten Sie einen speziellen Newsletter für diese Zeit entwerfen, zum Beispiel mit den bemerkenswertesten Programmpunkten oder interessanten Neuerungen, die Sie auf der Messe entdeckt haben. Oder tritt Ihre Firma als Sponsor zum Beispiel eines Sportevents auf? Stellen Sie doch Ihren Kunden für diese Zeit einen temporären Newsletter mit den aktuellen Ergebnissen zur Verfügung. Ist die Veranstaltung beendet, dann wird auch der Newsletter eingestellt.

Abonnenten finden

Noch eine kurze Bemerkung zu den Adressdaten. Es gibt nur einen richtigen Weg, an die Adressen Ihrer Newsletter-Abonnenten zu kommen: Die Leser geben sie Ihnen selbst an, weil sie Ihren Newsletter tatsächlich bekommen wollen.

Alle anderen Wege, zum Beispiel über Adressenhandel oder Gewinnspiele, sind nicht nur für die Empfänger ärgerlich, sondern sind auch für Sie nicht wirklich nützlich, weil Ihr Angebot so auf jeden Fall unseriös wirkt. Und welchen Wert hat eine hohe Zahl von uninteressierten Abonnenten?

Sie können noch eine weitere Sicherheitsstufe einbauen, indem Sie in einer Bestätigungsmail erneut nachfragen, ob der Empfänger tatsächlich Ihren Newsletter will. Erst nachdem er Ihre Bestätigung zurückgesendet und damit sein volles Einverständnis signalisiert hat, wird seine Adresse in die Datenbank aufgenommen. Mit diesem Verfahren (Double opt-in) sichern Sie sich gegen „Spaßvögel" ab, die gerne die E-Mail-Adresse Ihres Arbeitskollegen in alle verfügbaren Web-Formulare eintragen.

Welche Daten brauchen Sie von den Lesern? Im Prinzip reicht die E-Mail-Adresse. Wenn Sie Ihren Newsletter personalisieren und zum Beispiel Ihren Leser mit Namen ansprechen wollen, dann fügen Sie noch ein Feld für den Namen hinzu. Der Leser sollte aber nicht verpflichtet werden, über seine E-Mail-Adresse hinaus Daten angeben zu müssen. Das erhöht die Hemmschwelle bei der Bestellung eines Newsletters.

Sprache und Stil

Auch für Newsletter gelten die Grundregeln der Web-Texte: Drücken Sie sich klar und einfach aus, suchen sie prägnante Formulierungen und unterstützen Sie den Leser mit einer klaren Struktur. Alles, was Sie über webgerechtes Schreiben wissen, können Sie auf die Texte in einem Newsletter übertragen.

Aufbau eines Newsletters

Jede Ausgabe Ihres Newsletters sollte gleich aufgebaut sein. Der User kann sich so besser zurechtfinden. Viele Newsletter beginnen zum Beispiel mit aktuellen Nachrichten, verweisen dann

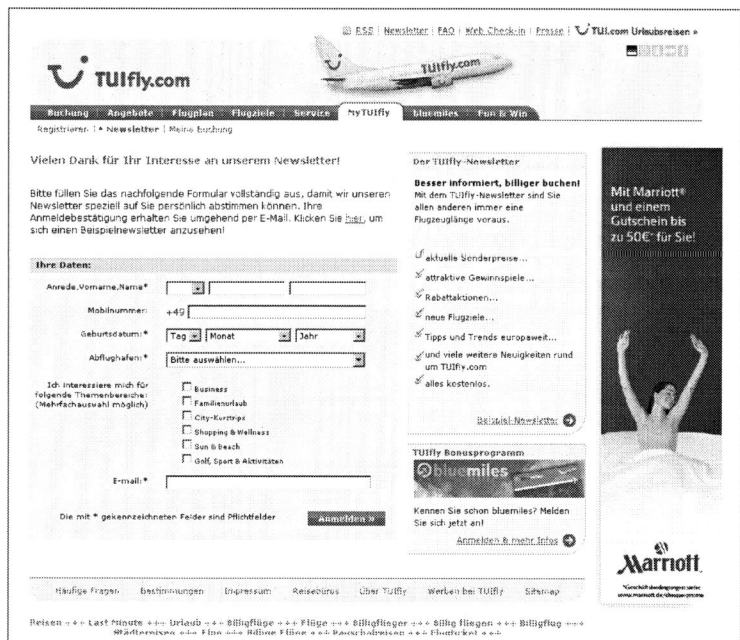

Abbildung 17:
Beim Newsletter dieser Fluglinie werden die Interessen schon bei der Anmeldung abgefragt. So können die Inhalte personalisiert werden.
(Quelle: www.tuifly.com)

auf Neuigkeiten auf der Website und bringen am Schluss noch ein kleines kurioses oder lustiges „Bonbon".

Kopf: Betreff und Adresse

Denken Sie daran, dass Ihr Leser wahrscheinlich jeden Tag eine Menge E-Mails bekommt – und nicht alle sind erwünscht. Deswegen ist es wichtig, dass er sofort erkennen kann, um was es sich handelt und wer der Absender ist. Wenn er eine Mail bekommt mit dem Betreff „1000 Tipps für Gratisschnäppchen" von einem „Franz Hugendobel", wird er sie wohl, ohne sie zu öffnen, in den Papierkorb verschieben. Schreiben Sie in die Betreffzeile immer den Namen, das Datum und gegebenenfalls die Ausgabe des Newsletters, zum Beispiel „Schreiblabor Newsletter vom 23.07.08 Ausgabe 16". Bei einem Brief bekommt der Empfänger mit Straßen- und Ortsangabe mehr Informationen als bei einer Mail. Berücksichtigen Sie das und wählen Sie eine Adresse, an welcher der Leser sofort erkennen kann, um wen es sich handelt, etwa info@schreiblabor.de.

Eine weitere Möglichkeit, den Leser zum Öffnen Ihrer Mail zu veranlassen, ist, im Betreff nicht nur den Newsletter-Namen zu nennen, sondern vielleicht einen wichtigen Punkt Ihres Newsletters mit hineinzunehmen:

Betreff: „Keine Angst vorm leeren Blatt! – Schreiblabor-Newsletter vom 23.07.08".

Hauptteil

Hat der Leser Ihren Newsletter erst einmal geöffnet, müssen Sie ihm gleich alle wichtigen Informationen vermitteln. Nennen Sie den Namen des Newsletters, Erscheinungsdatum und die Ausgabennummer. Informieren Sie den Leser darüber, dass er den Newsletter selbst abonniert hat und geben Sie ihm gleich zu Beginn die Möglichkeit, ihn abzubestellen.

Schreiblabor-Newsletter
Herausgeber: Schreiben und Lesen e.V.
http://www.schreibenundlesen.net
Empfänger: 11.323
Diesen Newsletter erhalten Sie, weil sie ihn unter www.schreibenundlesen.net bestellt haben. Wenn Sie ihn nicht mehr beziehen wollen, schicken sie einfach eine leere Mail an info@www.schreiblabor.de.

Nach diesem Prolog können sie eine thematische Kurzbeschreibung der aktuellen Ausgabe geben: „In der heutigen Ausgabe steht die „Schreibhemmung" im Mittelpunkt, außerdem erfahren Sie die Termine für unsere Seminare im nächsten Jahr."

Am einfachsten ist es, jeder Artikelüberschrift eine Nummer zu geben:

1. Leidenszeit am Schreibtisch – neue Ergebnisse aus der Kreativitätsforschung
2. Fünfzig Tipps das Blatt zu füllen...
3. Hans Müller: Ein Schriftsteller öffnet seine Werkstatt
4. Veröffentlichen? Alternative Wege im Internet
5. Aktuelle Seminartermine
6. Veranstaltungen im September

Eine andere Möglichkeit besteht darin, feste Kategorien für Ihren Newsletter zu vergeben und die Artikel darunter zu verzeichnen.

1. HINTERGRÜNDE
1.2 Leidenszeit am Schreibtisch – neue Ergebnisse aus der Kreativitätsforschung
1.2 Hans Müller: Ein Schriftsteller öffnet seine Werkstatt
2. PRAXIS
2.1 Fünfzig Tipps das Blatt zu füllen
2.1 Veröffentlichen? Alternative Wege im Internet
3. NEWS und TERMINE
3.1 Aktuelle Seminartermine
3.2 Veranstaltungen im September

Bei längeren Newslettern, die mehr als vier Nachrichten umfassen, ist ein knappes Inhaltsverzeichnis angebracht. So kann der Leser sofort beim Öffnen der Mail erkennen, ob ein Artikel dabei ist, der ihn interessiert. Wie Sie wissen, scrollen User nicht gerne, wenn sie nicht wissen, was sie am Seitenende erwartet.

Die Artikel: Volltext oder Teaser?

Im „klassischen" Newsletter findet der Leser alle Nachrichten und Artikel direkt in der Mail. Er orientiert sich am Inhaltsverzeichnis, scrollt zum Volltext des Artikels und liest ihn dann online. Oder er druckt den ganzen Newsletter einfach aus

---

Info

Fünf Regeln für bessere Öffnungsraten

1. **Sachlich den Nutzen kommunizieren:** In der Betreffzeile sollte dem Leser der E-Mail in sachlichem Ton der zu erwartende Nutzen kommuniziert werden.

2. **Das Wichtigste an den Anfang stellen:** Denken Sie an Ihr Publikum und an das Thema, welches von Ihrem Newsletter erwartet wird. Die wichtigsten Informationen sollten ganz oben im Newsletter stehen. Da viele Leser ihre E-Mails in einer Voransicht lesen, ist es wichtig, alle wichtigen Teile, wie Aufruf, Botschaft, Logo und Grund der E-Mail am oberen Ende Ihres Newsletters bzw. auf den ersten zehn Zentimetern unterzubringen.

3. **Kurz fassen:** Ihre ‚Message' sollte dem Leser nach spätestens fünf bis zehn Zeilen klar werden. Optimalerweise motiviert der Text des Newsletters zum Klick auf die Links zur Website.

4. **Richtigen Versandtermin wählen.** Wenn Sie Ihren Newsletter in der Nacht verschicken, findet der Empfänger ihn morgens neben zig anderen Emails. Um 11 Uhr oder 15 Uhr hat ein Leser in der Regel seine E-Mails bearbeitet und Ihr Newsletter erscheint als einzige neue E-Mail in seiner Eingangsbox.

5. **Qualität des Newsletters halten:** Nur wenn Leser wissen, dass es regelmäßig interessante Informationen gibt, werden sie zu echten Fans! Wenn es keine relevanten neuen Informationen gibt, dann braucht er auch den Newsletter nicht.

Tipp: Wer E-Mail-Marketing mittels Newsletter betreibt, der steckt eine Menge Zeit in das Schreiben und Versenden der Texte. Fraglich ist jedoch, ob die angebotenen Texte überhaupt gelesen werden. Wer dieser Frage auf den Grund gehen möchte, sollte eine professionelle Newsletter-Software einsetzen, die einerseits die Adressverwaltung und den Newsletter-Versand erleichtert und gleichzeitig über Methoden zur statistischen Datenerfassung über den Erfolg des eigenen Newsletters verfügt.

und nimmt sich Zeit für die Lektüre. Viele Newsletter sind genau so aufgebaut.

Allerdings werden lange E-Mails nicht gerne gelesen. Sie wissen wahrscheinlich schon aus eigener Erfahrung, wie anstrengend eine längere Lektüre am Bildschirm ist. Dazu kommt, dass umfangreiche E-Mails auch lange Ladezeiten benötigen oder den elektronischen Briefkasten „verstopfen". Eine Alternative dazu ist, statt des ganzen Artikels nur eine Kurzfassung – einen Teaser – im Newsletter zu positionieren. Wenn der Teaser seine Neugier und sein Interesse geweckt hat, dann kann der Leser auf einen Link klicken, der ihn zur Volltextversion des Artikels führt. Eine interessante Lösung, einen Artikel „anzuteasern", hat Jochen Scheel von www.uncooked.de in seinem Newsletter zu „Neuem und Bedenkenswertem" zum Thema Unternehmenskommunikation entwickelt. Er fügt der Überschrift und dem Teaser noch charakterisierende Schlagwörter hinzu und die Angabe, wie lange es dauert, den Artikel zu lesen. Teaser und Überschrift können so spielerischer und spannender sein, denn die Schlagwörter bieten dem Leser genügend Orientierung, um zu entscheiden, ob der Artikel seinen Erwartungen entspricht.

Die Schwierigkeit beim Verfassen eines Teasers ist, beim Leser eine Erwartungshaltung zu wecken, die ihn neugierig genug macht, den Volltext zu lesen, aber nicht dazu führt, dass er zu viel vom Artikel erwartet. Wenn Sie bei der Formulierung des Teasers eher vage bleiben, um nicht zu viel zu verraten, laufen Sie Gefahr, dass der Leser die Volltextversion aus mangelndem Interesse nicht einmal anklickt. Wenn Sie viele Meldungen und

Artikel haben, bietet sich die Variante mit den Kurztexten an. Der Newsletter bleibt trotz seines Umfangs übersichtlich, der User muss nicht endlos scrollen. Aber sie hat auch Nachteile.

Wenn Sie sich dafür entscheiden, im Newsletter nur eine Vorschau auf den gesamten Artikel zu geben und sie mit Ihrer Website zu verlinken, stellt sich die Frage, wo der Leser, der dem Link folgt, „landen" soll. Die so genannte „landing page" kann ein Bereich der Website sein, wo der angekündigte Artikel platziert ist. Das hat den Vorteil, dass der User mitten in Ihr Angebot geführt wird und sich dort vielleicht auch weiter informieren will. Der Zusatznutzen für den Newsletter wird aber ein wenig verwässert: Der Mehrwert der Information sinkt, wenn jeder Besucher die Artikel lesen kann. Es bietet sich deshalb an, die Link-Ziele in einem speziellen Newsletter-Bereich zu verankern, der nur den registrierten Nutzern und nicht den „normalen" Surfern zur Verfügung steht. So wird die Exklusivität für den Abonnenten ersichtlich.

Fuß

Wenn Sie es nicht schon im Kopf gemacht haben, geben Sie hier Informationen zum Herausgeber, Copyright, Feedback und Abbestellen des Newsletters an. Praktisch ist hier, den Leser zu ermutigen, den Newsletter an Freunde und Bekannte weiterzuleiten.

Ein vollständiges Impressum schließt den Newsletter ab. Es enthält neben den Standardangaben wie Name und Postanschrift des Herausgebers optimalerweise auch einen Verweis, wie Leser mit der Redaktion oder dem Unternehmen in Kontakt treten können. Das kann ein Link zur Website sein oder einfach ein Mail-to-Link. Der Leser erwartet im Impressum vor allem eine Information zur Kontaktaufnahme. Formulieren Sie alle „Handlungsanweisungen" konkret: also „Klicken Sie hier" oder „Senden Sie eine E-Mail an …"

Links

Links sind für einen Newsletter unverzichtbar, selbst wenn Sie sich entscheiden, doch ganze Artikel in den Newsletter zu stellen, sollte es einen Link auf Ihre Homepage geben – Sie wollen den Kunden schließlich auch auf Ihre Site locken, oder? Wenn Sie im Newsletter die Artikel nur „anteasern", dann sind Links sowieso unerlässlich.

Oder Sie bieten dem Leser eine Linkliste zur Vertiefung des Themas an. So geben Sie dem Leser die Möglichkeit, mehr zu dem Thema zu erfahren, wenn es ihn interessiert. Aber Achtung! Links verführen leicht dazu, den Faden zu verlieren und nicht wiederzukommen.

Abbildung 18: Sehr übersichtlich – der Newsletter einer Fluglinie (Quelle: www.germanwings.de)

Wie Sie vermeiden, dass Ihr Newsletter für Spam gehalten wird

Als potenzielle Spam-Merkmale gelten für den User:

- Hinweise in der Betreffzeile, die Nähe zu besonders Spam-verdächtigen Branchen und Produkten (Erotik, Pharmazeutik) vermuten lassen.
- Hinweise in der Betreffzeile auf eine Geschäftsanbahnung („Angebot", „Gratis")
- Werbe Reizworte und Superlative im Mail Text („kostenlos", „einmalige Chance")
- Fantasie-Namen für den Absender. Bestenfalls sollte der Name des Versenders oder eines Beauftragten genannt werden.

Als potenzielle Spam-Merkmale gelten für Spamfilter:

- Tools, die das User-Verhalten dokumentieren. Diese sind eher zu vermeiden, da Spamfilter diese Links erkennen und Ihre Mail gegebenenfalls aussortieren.
- Der gleichzeitige Versand an mehrere Empfänger. Der Spamfilter bewertet dies negativ. Hier kann eine professionelle Newsletter-Software Abhilfe schaffen.

Tipp: Vor dem endgültigen Versand des Newsletters ist es ratsam, mittels eines Testprogramms zu überprüfen, wie wahrscheinlich es ist, dass dieser als Spam gewertet wird. Hier bietet sich zum Beispiel das kostenlose Tool „Spam-Checker" auf „www.emarsys.com" an.

9. Weblogs: Every user has his voice

Was ist ein Weblog?

„Eine Million Blog-Einträge pro Tag in 81 Sprachen" meldet die kalifornische Blog-Suchmaschine Technorati im Januar 2009. Auch wenn verschiedene Studien zu ganz unterschiedlichen Zahlen über die Anzahl von Blogs kommen – Universal McCann gingen im März 2008 von 184 Millionen aus – ist eines mittlerweile Gewissheit: Blogs sind ein globales Phänomen, das den Mainstream erreicht hat. In Deutschland ist die Internet-Gemeinschaft nach wie vor etwas zögerlicher – 6 Prozent der deutschen Internet-User nutzten im Jahr 2008 regelmäßig Blogs. Was aber, wenn das die 100 Prozent ihrer Zielgruppe sind?

Zwischen dem Grimme-Preis-prämierten Bild-Blog, der von namhaften Journalisten geführt wird, und dem Blog „Küchenplauderei", das „lauschige Gespräche zu später Stunde" verspricht, liegen Welten und es ist nicht ganz einfach, das Weblog-Phänomen in seiner Vielfalt zu erfassen und zu definieren. Kommentierte Linklisten sind schon lange im Netz zu finden und auch der Begriff ist seit 1997 bekannt: „Weblog" – die Kombination von „web" und „Logbuch" – wird dem amerikanischen Programmierer und Philosoph Jom Barger zugeschrieben, er erklärt: „[…] a web page where a Web logger logs all the other Web pages she finds interesting." Sicher spielt es auch eine Rolle, dass Weblogs sich nahtlos einfügen in den kulturellen Trend der Grenzauflösung zwischen Privatem und Öffentlichem. Hauptsächlich sind es zwei Eigenschaften, die Weblogs charakte-

risieren und die vielleicht den Ausschlag für ihren großen Erfolg gegeben haben. Erstens: Blogs sind leicht zu handhaben. Und zweitens: Blogs sind kommunikationsbetont! Um einen Blog zu führen, braucht man einen Computer, Zugang zum WWW und einige Ideen für Texte und Bilder, mehr nicht.

Wie im Kapitel „… und keiner bloggt allein" noch beschrieben wird, taucht jeder Blogger früher oder später in die Blogosphäre ein und wird Teil einer virtuellen Gemeinschaft. Schreiben bedeutet nun nicht mehr automatisch, sich ins stille Kämmerlein zurückziehen zu müssen. Gerade der Austausch mit anderen wird beim Bloggen besonders geschätzt. Sie finden bei fast jedem Blog eine Kommentarfunktion und werden aufgefordert, dort Ihre Meinung zu dem Thema zu hinterlassen. Wenn Sie ein Posting zu einem umstrittenen Thema lesen, können Sie sicher sein, dass Sie in den Kommentaren zustimmende, abweichende, kritisierende oder ergänzende Meinungen lesen können.

Blogs in der journalistischen Arbeit

Eine seit einigen Jahren und nach wie vor heftig geführte Diskussion im Bereich „Neue Medien" kreist um die Frage, ob Blogs die herkömmlichen journalistischen Formen verdrängen, indem sie die eigentliche „Medienmacht" der Zukunft bilden, ob sie die traditionellen Medien ergänzen oder ob sie einfach ein netter Trend sind, mit Journalismus aber nichts zu tun haben. Vielleicht wird das Phänomen Weblog nicht den Journalismus als Ganzes revolutionieren, es ist aber bereits jetzt nicht von der Hand zu weisen, dass es die journalistische Arbeit verändert hat.

Nur eines von zahllosen Beispielen, das diese These stützt, ist die Berichterstattung des ZEIT Online-Weblogs während der terroristischen Angriffe auf Luxushotels im indischen Mumbai im November 2008. Während auf der klassischen ZEIT Online-Plattform traditionelle, von Behörden- und Nachrichtenagenturen gefütterte Berichte erscheinen, wird im ZEIT-WEBLOG Artikel auf andere Blogs, wie das „Counterterrorism Blog", verwiesen und deren Beiträge werden diskutiert. In den Kommentaren der Leser finden sich wiederum Verweise auf weitere Internetportale, Blogs, Bilder oder Videos zum Thema. Alles in allem eine weitaus interaktivere Art der journalistischen Arbeit, die durchaus das Potenzial hat, dem interessierten Leser mit ein paar Klicks ein Kaleidoskop ganz unterschiedlicher Meinungen darzustellen.

Viele Journalisten bloggen!

Journalisten nutzen Blogs jedoch nicht nur als Recherche-Quelle oder zur Anreicherung ihrer eigenen Artikel – für viele Journalisten ist das Blog oft die einzige Möglichkeit zu publizieren, vor allem in Ländern, in denen eine freie Meinungsäußerung gefährlich sein kann. So beschreibt Ethan Zuckerman in einem Kapitel des „Handbook for Bloggers and Cyber-Dissidents", das von der Journalistenvereinigung „Reporter ohne Grenzen" herausgegeben wurde, wie man am sichersten anonym bloggen kann.

Einige Journalisten bloggen beruflich, andere rein privat, oft kann das eine nicht vom anderen unterschieden werden. Viele Journalisten führen ihren Blog als Privatperson, schreiben dort aber auch über Themen, die sie als Journalisten beschäftigen, oder nutzen ihren Blog, um zusätzliche Themen und Artikel vorzustellen. Sehr unterhaltsam und querbeet durch alle Themen, die ihm begegnen, macht das Thomas Knüwer – Reporter vom „Handelsblatt" – in seinem Weblog „Indiskretion Ehrensache – Notizen aus dem Journalistenalltag". Was hierzulande eher noch als journalistischer Vorstoß Einzelner bezeichnet werden muss, ist in den USA längst Alltag – 95 Prozent der auflagenstärksten Tageszeitungen in den Vereinigten Staaten betreiben sogenannte Reporter-Blogs, erlauben es also ihren Redakteuren, im Namen der Zeitung Online-Tagebücher zu führen. Medienmarkt-Berühmtheiten wie die New York Times gehen sogar einen Schritt weiter und verpflichten mit Personen wie dem Wirtschaftswissenschaftler Paul Krugman Nobel- und Pulitzerpreisträger als Blog-Kolumnisten.

Alle Journalisten lesen Blogs!

Oder sollten es zumindest tun, denn sie haben sich inzwischen als sehr schnelle Informationsquelle für Nachrichten etabliert. So sind etwa die Umstände der Londoner U-Bahn-Anschläge 2005 bereits ein Teil des Weblog-Mythos: Während die Nachrichtenagenturen noch Meldungen über einen „größeren Zwischenfall" herausgaben, fanden sich in den persönlichen Blogs bereits erste Augenzeugenberichte und auf moblog.co.uk – einem britischen Foto-Blog – gab es unmittelbar nach den Anschlägen erste Fotos aus dem Londoner Untergrund. Schneller geht es kaum!

Blogs in Unternehmen

Schnell und persönlich – auch in Unternehmen können die Vorteile von Weblogs genutzt werden – sowohl extern als auch intern. Interne Blogs, die zur Verbesserung und Vereinfachung der Kommunikation eingesetzt werden, eignen sich hervorragend als „Schwarzes Brett". Sie erlauben eine Projektbegleitung ohne großen Aufwand. Ohne die klassische Dokumentation wirklich überflüssig zu machen, fungieren Blogs aber auch als einfaches Archiv oder als Diskussionsplattform. Sie tragen dazu bei, dass das zusammengetragene Wissen nicht auf irgendwelchen Zetteln verloren geht! So können beispielsweise Ankündigungen von Meetings und Protokollen, die Vorstellung neuer Teammitglieder, neue Ideen, Geschichten und Anekdoten immer aktuell vorgehalten werden. Kommt ein neues Teammitglied dazu, kann es sich schnell in das Projekt einarbeiten. Weblogs können wirklich neue Dimensionen in die Unternehmenskommunikation bringen, wenn zum Beispiel Blogs von unterschiedlichen Projekten oder Abteilungen miteinander vernetzt werden! Sie können sogar einen Schritt weitergehen und interne Blogs in Auszügen für Ihre Kunden aufarbeiten.

Frei zugängliche Weblogs auf der Website dienen sicher in erster Linie dazu, die Site für die Besucher interessanter zu machen: Die User erhalten Informationen, die sie sonst auf der Website in dieser Form nicht finden. Gleichzeitig erhalten sie die Möglichkeit, direkt zu kommunizieren, indem sie die Blog-Beiträge kommentieren, kritisieren oder ergänzen. Solche externen Blogs, die als Marketinginstrument eingesetzt werden, verringern die Distanz zur Zielgruppe und lassen das Unternehmen durch den intimen Schreibstil persönlicher erscheinen. Die Reaktionen und Kommentare der Leser auf Artikel machen einen Blog nicht nur viel lebendiger als eine einfache Website, sondern liefern auch einzigartige Informationen über Wünsche und Einstellungen Ihrer Zielgruppe! Allerdings erfordert der Einsatz eines PR-Weblogs eine größere Portion Fingerspitzengefühl als herkömmliche Marketinginstrumente. So hatte die Kosmetikfirma Vichy die Idee, ihre neue Tagescreme mit einem Blog einzuführen. Schnell wurde eine Figur ersonnen, die täglich im Netz über die Creme und ihren Alltag berichtete. Dieser Versuch schlug fehl, die Dame war zu perfekt. Richtig erfolgreich wurde das Vichy-Blog-Projekt erst, als die Firma fünf Profi-Bloggerinnen bat, auf ihrer Homepage über ihren Alltag (mit der Vichy-Tagescreme) zu berichten! Klar stand in den Posts die Creme nicht immer an erster Stelle, die Blogs lockten aber viele Frauen auf die Site, die Diskussion war lebhaft und Vichy hatte mit dieser Community eine zusätzliche Kommunikationsplattform für ihre Zielgruppe geschaffen.

„Der" Daimler-Blog – eine Erfolgsgeschichte mit Startschwierigkeiten

Am Anfang hat man gelächelt und sich ein wenig lustig gemacht. Anstelle des korrekten Artikels „das" zu verwenden, haben die Stuttgarter Automobilhersteller ihr Blog „Der Daimler Blog" genannt und sich so nicht gerade als Kenner der Szene geoutet. Das war Ende 2007. Inzwischen heißt es „Das Daimler Blog" und ist eines der bekanntesten und oft gelobten externen Corporate Blogs. Hier veröffentlichen und diskutieren Mitarbeiter des Unternehmens losgelöst von der

Unternehmenskommunikation und -strategie Ar- tikel zu ganz verschiedenen Themen. Über acht- zig firmeneigene Blogger sind es mittlerweile, die Reichweite lag im Juni 2008, also ein knappes halbes Jahr nach dem Launch, bereits bei 60.000 Seitenzugriffen pro Monat. Nicht minder wichtig als die Zugriffszahlen ist die Anzahl der Leser- Kommentare – einzelne Posts verzeichnen teil- weise bis zu dreißig Anmerkungen, ein deutliches Indiz für die positive Wirkung des Blogs auf die Diskussionsfreudigkeit der Mitarbeiter und exter- ner Seitenbesucher.

Zweifelsohne eine der entscheidenden Vorteile des Blogs ist dessen Wirkung auf die Reputation des ganzen Unternehmens, dass durch den Blog an Transparenz gewinnt und den Blog-Lesern einen viel persönlicheren Zugang zu Daimler erlaubt als es durch traditionelle Wege der Kommunika- tion möglich wäre. Der PR-Blogger Klaus Eck bringt es auf den Punkt, wenn er von den blog- genden Mitarbeitern als „Human Brand" spricht,

deren Online-Reputation sich auf das Unterneh- mensimage auswirkt. Gleichzeitig erinnert er aber daran, dass sich jeder Post unmittelbar auch auf die eigene Reputation und interne Wahrnehmung auswirkt.

Bloggen – technisch ein Kinder- spiel

Wie eingangs erwähnt, ist das Bloggen einfach: Einen Post zu setzen ist nicht komplizierter, als zum Beispiel eine E-Mail zu schreiben. Ein Blog- ger muss seinen Artikel schreiben – viel mehr muss er nicht tun. Um den Rest kümmert sich ein Blog-Hoster. Es gibt eine Vielzahl von Diensten, die ihren Kunden das Bloggen ermöglichen. Nach der Registrierung können Sie gleich loslegen: Zuerst bekommen Sie eine Adresse, die sich aus dem Blognamen – den Sie bestimmen – und dem Namen des Blog-Dienstes zusammensetzt (meist www.dienst.de/<blogname>).

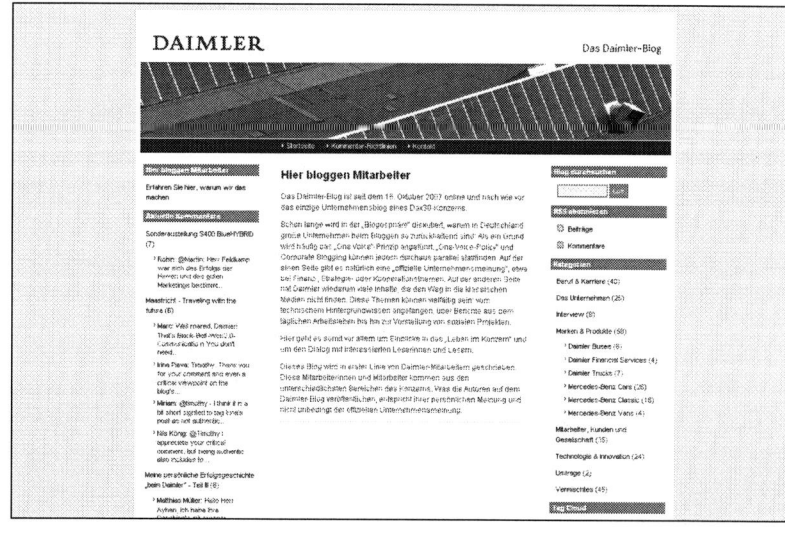

Abbildung 19:
Beim Daimler-Blog bloggen
die Mitarbeiter.
(Quelle: www.daimlerblogl.de)

In einfacher Ausführung kostet ein Blog kein Geld und keine Mühe. Die Dienste finanzieren sich über Werbung und Banner. Wenn Ihre Ansprüche mit der Zeit steigen oder Sie auf die Banner verzichten möchten, dann wechseln Sie zu einem gebührenpflichtigen Blog Ihres Providers. Neben einem eigenen Domain-Namen, den Sie sich nach Belieben aussuchen können, steht Ihnen auch mehr Platz zur Verfügung – was vor allem für den Einsatz von Bildern wichtig ist.

Neben dem einfachen Web-Publishing können in den Blog-Paketen noch weitere Funktionen enthalten sein. Wenn Sie ein Surf-Fundstück schnell in ihren Blog einbinden möchten, hilft Ihnen ein „Bookmarklet" dabei. Sie müssen nur Ihren Fund markieren, dann öffnet das Java-Script-Programm ein Formular, übernimmt den markierten Text, den Sie mit Ihrem Kommentar ergänzen können, und schon ist ein Posting für Ihren Blog fertig! Normalerweise hätten Sie einen Umweg über die Startseite Ihres Providers nehmen müssen. Den direkten Weg können Sie auch wählen, wenn Ihr Provider Ihnen die richtigen Schnittstellen zur Verfügung stellt: Dann reicht wirklich eine E-Mail oder eine SMS aus, und der Mo(bil)blog wird ergänzt.

Es geht aber auch ohne die Dienste: Wenn Ihnen etwa die angebotenen Gestaltungsmöglichkeiten der Provider zu langweilig sind und Sie das Erscheinungsbild Ihres Blogs lieber individuell gestalten wollen oder wenn Sie den Blog in Ihre Website integrieren wollen, können Sie das auch ganz alleine tun. Wenn Sie Ihre Website mit einem Content-Management-System betreuen, kann dort eine Blog-Funktion bereits integriert sein. Ansonsten greifen Sie einfach auf Software-Pakete zurück, in denen die einzelnen Komponenten aufeinander abgestimmt sind. Zurzeit sind die Programme WordPress und Movable Type am beliebtesten.

Weblogs: Usability und journalistische Grundregeln

Gerade wenn Sie nicht nur einen internen Projekt-Blog planen, sondern einen Blog, der Ihr Unternehmen in der Öffentlichkeit repräsentieren soll, dürfen Sie sich nicht auf die von eingefleischten Bloggern ausgerufene Regellosigkeit verlassen und einfach loslegen. Vielmehr sollten Sie einen Blog in manchen Teilen so sorgfältig konzipieren wie Ihre Website. Das „fröhliche Bloggen" erweckt manchmal den Anschein, dass Sie alle Usability-Grundsätze und journalistischen Regeln ruhig über Bord werfen dürfen. Werfen Sie ruhig, achten Sie aber auf das Rettungsboot, denn die meisten Regeln gelten auf eine versteckte Weise natürlich weiter.

Navigation in Weblogs:
Zurück zur Papyrusrolle? Oder vorwärts in das Tag-Zeitalter?

Auch wenn Weblogs auf den ersten Blick aussehen wie einfache Websites, gibt es doch einige Merkmale gerade im Bereich des Aufbaus, die sich unterscheiden. Das zeigt sich gerade bei den Begriffen: Es gibt bei den Blogs keine „Homepage" mehr, sondern eine Startseite. Wie im „Hypertext-Kapitel" beschrieben, dient die Homepage als „Eingangstür" zur Website: Hier bekommen Sie einen Überblick, was Sie auf der Website thematisch erwartet und wie sie aufgebaut ist. Sie dient als Ausgangspunkt für das Surfen und ist oft mit einem Blick zu erfassen. Je nach Aufbau sind einige Bereiche der Website nur über die Homepage zu erreichen, weil sie nicht direkt miteinander vernetzt sind. Ganz anderes beim Blog: Die Startseite unterscheidet sich optisch und in ihren Funktionen nicht von den anderen Seiten – wenn es sie überhaupt gibt –, denn im Extremfall kann ein Blog aus einer sehr langen einzelnen Seite bestehen, ohne Möglichkeiten, site-intern zu klicken. Im Prinzip also die Rückkehr zur Papyrusrolle?

Links – die Stars beim Weblog

Es gibt vielleicht Weblogs ohne Postings, Bilder oder Kommentare, aber es wird schwer sein, einen Blog ohne Links zu finden. Tatsächlich erinnern die Anfänge des Blogs an kommentierte Linklisten, sie waren oft einfach die eingesammelte Beute beim täglichen Zug durch die Wellen. Zwar hat sich das in Teilen geändert, sodass Inhalten mehr Gewicht zugestanden wird, trotzdem sind die unterschiedlichen Verweise das Skelett jedes Blogs. Während Jakob Nielsen in einem Artikel „Weblog Usability: The Top Ten Design Mistakes" erneut die Eindeutigkeit von Links fordert, werden doch immer wieder Gegenstimmen laut, die anmahnen, sich das spielerische Element und den größeren Freiheitsgrad des Blogs nicht madig machen zu lassen. Tatsächlich wird in vielen Blogs innerhalb der Artikel viel gelinkt, ohne dass der Leser weiß, wohin die Reise führt. Er muss sich auf die Ideen des Autors einlassen, denn die Verknüpfungen bleiben hier oft rein assoziativ.

Die externen Links, die auf andere Websites oder Blogs führen, sind für die Ausbildung eines Netzes rund um den eigenen Blog notwendig: Oft wird auf befreundete oder „bestgehasste" Blogs und Websites verwiesen. Daher kann man sich anhand der externen Links schon ein aussagekräftiges Bild über den Autor machen. Schon fast „Ehrensache" unter Bloggern ist es, ein gut sortiertes Blogroll zu führen: Die in den Randspalten angeordnete(n) Linkliste(n) enthält bzw. enthalten: Links zu anderen (befreundeten) Blogs, Leseempfehlungen – alle Websites, die dem Verfasser wichtig sind. Da das Blogroll auf der Startseite sichtbar ist, haben alle hier aufgeführten Links einen höheren Stellenwert als die Verweise in den Artikeln.

Vorsicht ist bei den automatisierten Trackbacks geboten, hier werden die Links angezeigt, die sich auf das eigene Blog beziehen. Nicht jeder Autor überprüft ständig alle diese Links, sodass es passieren kann, dass von seiner Website aus Verweise in Bereiche führen, zu denen er eigentlich lieber Distanz hält. Wenn Sie einen Blog führen, sollten Sie diese Listen regelmäßig überprüfen, es kann schon sehr interessant sein, wer Sie erwähnt und wo Sie zitiert werden!

Da die chronologische Ordnung einen Blog bestimmt, kommt den internen Links auch eine besondere Aufgabe zu. Sie schreiben zum Beispiel im März einen Artikel über Usability bei Weblogs, der Ihnen gut gelungen ist. Er wird in den nächsten Wochen den Weg aller Postings gehen und auf der Website immer weiter nach unten rutschen, bis er im Archiv verschwindet. Sie haben zwar eine thematische Kategorisierung, doch Usability ist eigentlich nicht so Ihr Thema. Kurz und gut: Der Artikel für den Dezember ist eigentlich umsonst gewesen. Es sei denn, es gelingt Ihnen, den Artikel im Blickfeld Ihrer Leser zu halten, indem Sie immer wieder in neuen Artikeln auf Ihren Usability-Artikel verweisen, sofern eine gewisse thematische Nähe gegeben ist. Je häufiger Sie intern linken, desto höher ist der Grad der Vernetzung Ihres Blogs. Das heißt, die Artikel zu bestimmten Themen rücken von selbst näher zusammen und bilden ganze Wissenspools für unterschiedliche Bereiche. Dazu kommt noch, dass Ihr Leser vielleicht noch im Oktober von Ihrem Artikel profitieren kann!

Im Weblog darf der Hund den Mann beißen!

Die journalistische Grundregel, dass etwas nur interessant ist, wenn es von der Normalität in irgendeiner Weise abweicht, scheint für Weblogs nicht zu gelten. Gerade Blogs mit einem betont privaten Charakter kultivieren die Beschreibung der Normalität geradezu. Tatsächlich ist die Beschreibung des immer Gleichen, Alltäglichen nur erlaubt, solange es unterhält. Wenn Sie es also auf eine besondere Weise tun und Ihr Blog derzeit Kult ist, dann dürfen Sie natürlich die langweiligsten Geschichten erzählen. Trifft das auf Ihren Blog nicht zu, sollten Sie sich weiterhin nach beißenden Männern umschauen!

Schreiben wie Reden?

Das Reizvolle an vielen Blogs ist die lockere Sprache, die sich an der Alltagssprache orientiert. Folgenden Artikel zum Thema „Wahlkampfblog von Thorsten Schäfer-Gümbel" hat Robert Basic auf dem Basic Thinking-Blog gepostet – einem etablierten und seriösen Blog zu den Themen rund ums Bloggen und das Internet:

„Ich ahne schon, was jetzt an Kritiken kommt, aber mir wurst. Wer das Netz auf diese Weise so nutzt, der ist mein Mann. Für die Zukunft! Roland Koch? Wer ist dieser Typ?) Der ist von gestern."

Kurz darauf postete er ein Update, da keine halbe Stunde nach seinem ersten Eintrag auf anderen Blogs die Meldung auftauchte, Robert Basic würde Thorsten Schäfer-Gümbel wählen.

„Update: Äh… es gibt Annahmen, ich würde ihn auch deswegen wählen. Das steht nirgends. Da steht nur, dass er „mein Mann" aufgrund seiner Vorwärsgerichtetheit ist. Wählen tue ich immer noch Programme, Parteien und Politköpfe, in der Reihenfolge. So leicht bekommt man meine Stimme nicht:))"

Der Autor „spricht" mit seinen Lesern, als ob er ihnen in einem lockeren Gespräch seine Meinung zum Web 2.0-Wahlkampf des SPD Kandidaten schildern würde. Das wirkt frisch und lebensnah, kann aber für einen eiligen Leser schwerer verständlich sein als ein Text in einem sehr sachlichen Tonfall. Die Kunst des Bloggens liegt darin, so lebendig und persönlich wie möglich zu schreiben, ohne zu umständlich, chaotisch oder verworren zu werden. Anders als auf den Websites ist der geradlinige, informative Stil nicht das Nonplusultra, vielmehr steht der persönliche Tonfall im Vordergrund. Am einfachsten gelingt das, indem die handelnde, denkende und schreibende Person im Text vorkommt, daher sind die meisten Blogs in der „ich"-Perspektive geschrieben. Stellen Sie sich beim Schreiben ruhig in den Mittelpunkt: Wie sind Sie auf das Thema gestoßen? Was interessiert Sie an dem Gegenstand besonders? Was ist Ihre persönliche Meinung in einer Diskussion? Die Leser erwarten von einem Weblog nicht unbedingt eine objektive Information, sondern möchten wissen, was Sie von einer Sache halten, deswegen lesen sie Ihren Blog.

Manche Blogger – so wie der vorgestellte Artikel im Basic Thinking-Blog – legen es geradezu darauf an, dass Ihre Texte den Anschein erwecken, gerade neben einer umgeworfenen Kaffeetasse in die Maschine gehackt worden zu sein! Natürlich können Sie einfach loslegen und schreiben, ohne auf Ihren inneren „Stilzensor" zu hören. Verzichten Sie aber auf keinen Fall darauf, den so entstandenen Text gegenlesen zu lassen. Vor allem Rechtschreibfehler wirken nicht nur originell!

In den Tiefen der Blogosphäre hat sich eine eigene Sprache entwickelt, da schweben Permalinks neben Trackbacks und Moblogs. Wahrscheinlich werden Ihre Leser diesen Jargon nicht wirklich beherrschen, es sei denn, Ihre Zielgruppe besteht ausschließlich aus Bloggern. Wenn nicht: Bleiben Sie bei dem herkömmlichen Gebrauch der Sprache und verzichten Sie auf den speziellen Sprachcode. Viele Fachausdrücke können ohne Weiteres durch allgemein verständliche Ausdrücke ersetzt werden. In einigen Fällen können Sie die speziellen Wörter mit einem Lexikon oder Wörterbuch – wie etwa Wikipedia – verlinken, sodass sie bei Bedarf schnell nachgeschlagen werden können.

Titel, Teaser, Überschriften

Bei Blogs können Überschriften und Teaser sogar noch wichtiger sein als bei normalen Websites. Viele Leser beziehen RSS-Feeds, sodass sie nur einen kleinen Ausschnitt vom Text sehen können. Gerade wenn sie mehrere Blogs beziehen, werden sie nur wenig Muße bei der Auswahl der Lektüre haben. Eine gut gemachte Schlagzeile ist daher für viele das entscheidende Kriterium für das Weiterlesen. Überprüfen Sie daher noch einmal, ob Ihre Schlagzeile neugierig macht und Ihr erster Satz alle Anforderungen an einen Teaser erfüllt. Achten Sie darauf, dass vor allem Ihre wichtigsten Begriffe dort erscheinen. Wörter in Titeln werden nicht nur vom Leser, sondern auch zum Beispiel von den Suchmaschinen als besonders wichtige Schlüsselbegriffe gewertet. Der gesamte Weblog-Titel erscheint darüber hinaus nicht nur als Ergebniszeile bei den Suchmaschinen, als RSS-Listing oder als Lesezeichen in den Linksammlungen Ihrer Leser, sondern bildet als Permalink einen wichtigen Teil der URL-Adresse des Postings. Der Weblog-Titel fungiert also als eine Art Visitenkarte für den Text und ist sicher die meistgelesene Zeile Ihres Blogs!

Wer schreibt?

Man muss zwar nicht gerade den von Hypertext-Theoretikern prophezeiten „Tod des Autors" beschwören, aber im Schatten standen die Autoren im Internet oft. So war es gerade bei kommerziellen Websites schwierig herauszufinden, wer einen Artikel verfasst oder ein Foto gemacht hat. Genau das Gegenteil dieses Phänomens ist beim Weblog zu beobachten: Der Spot ist auf den Autor zurückgekehrt. Es gibt kein anonymes Blog, der Leser will sich ein Bild vom Blogger machen können. Das kann – wie es zum Beispiel Nielsen fordert – ein Foto der schreibenden Person neben dem Text sein, aber auf jeden Fall ein Autorenprofil!

Beim Bloggen besteht die Gefahr, dass es zu Konflikten zwischen der schreibenden Privatperson – die ja beim Bloggen greifbar bleiben soll – und den Firmeninteressen kommt. Der Blogger muss wissen, worüber er schreiben darf und was für die Öffentlichkeit tabu ist. Sonst wird er – je nach Temperament – sich nur den sicheren und vielleicht langweiligen Themen widmen oder das Risiko eingehen, dem Unternehmen Schaden zuzufügen und vielleicht seinen Auftrag oder Job verlieren. Für jedes Unternehmen und seine Mitarbeiter ist es daher sehr wichtig, den Umgang mit privaten und geschäftlichen Weblogs zu regeln. Dabei hilft eine klare Firmenrichtlinie, wie sie zum Beispiel im Forrester-Weblog verwendet wird. Das Unternehmen und der Blogger sollten im Vorfeld klären, welche vertrauliche und firmeninterne Informationen nicht thematisiert werden darf, und sie sollten auch vereinbaren, im Zweifelsfall Rücksprache zu halten. Natürlich spiegelt sich im Weblog die persönliche Meinung des Bloggers wider, die nicht unbedingt mit der Ansicht des Arbeitgebers identisch ist. Notwendig sind auch Absprachen über den zeitlichen Umfang der Blog-Aktivitäten innerhalb der Arbeitszeit.

Über was können Sie schreiben?

Der Reiz bei vielen Blogs ist die Vielfalt der behandelten Gegenstände, die ganz einfach in einem Blog über ein Posting gesetzt werden. Sie führen vom Bericht des Haustiers über Gerüchte bekannter Popstars bis hin zu komplexen Über-

legungen und können somit zur Entwicklung des Journalismus beitragen. Manchmal gewinnt man den Eindruck, dass es den Autor überhaupt nicht kümmert, was seinen Leser interessieren könnte, und dass er nur über das schreibt, was gerade in seinem persönlichen Blickfeld erscheint. So reizvoll das bei den privaten Bloggern erscheint, sind Sie bei einem Firmen-Weblog thematisch doch gebundener, die rein privaten Interessen des Autors sind nicht unbedingt ein Blog-Thema für Ihre Firma. Oder doch?

Das müssen Sie entscheiden, indem Sie am besten vor dem Blog-Start festlegen, worum es in ihrem Blog eigentlich gehen soll. Jan Tißler von Internet-optimal-Nutzen stellt folgende Fragen in den Mittelpunkt der Überlegungen:

- Was könnte für Außenstehende interessant sein?
- Woran wollen wir die Öffentlichkeit teilhaben lassen?
- Soll es nur um Produkte gehen oder auch um Menschen?
- Wird das Weblog auch für die interne Kommunikation genutzt oder nur nach außen?

Natürlich gilt bei der Themenwahl prinzipiell dasselbe, was für einen guten Newsletter aufgeführt wurde. Also heißt es wieder die Zielgruppe ins Visier nehmen: Was könnte Ihre Leser interessieren? In welcher Welt leben sie? Mit welchen Themen beschäftigen sie sich zur Zeit?

Klaus Eck – er bloggt vor allem zu Themen rund um PR und Unternehmens-Blog – empfiehlt etwa, das Branchengeschehen zu kommentieren. Sie könnten beispielsweise Produktinnovationen Ihrer Zulieferer kommentieren. Sie könnten aktuelle Themen von Tagungen oder Kongressen Ihrer Branche aufgreifen. Weiterhin könnten Sie Trends und Entwicklungen in Ihrem Marktumfeld kommentieren.

Dabei können Sie gerade beim Blog etwas weiter über den Tellerrand schauen als zum Beispiel bei der Themenwahl Ihrer Website. Beim Blog können Sie mutiger sein und etwas abgelegene Geschichten vorstellen, wenn sie Ihnen auffallen und sie glauben, sie würden Ihre Leser auch unterhalten. Nicht immer stehen beim Bloggen die reinen Informationen oder die großen Ereignisse im Mittelpunkt, viele Leser interessieren sich auch für Ihre persönliche Meinung und Alltagsgeschichten. Natürlich können Sie die Themenfindung beim Blog auch so pragmatisch sehen wie Frank Fischer, Teamleiter bei Microsoft, der in einem Interview mit den VDI-Nachrichten zu diesem Problem sagte: „Idealerweise fasst man etwas zusammen, an dem man gerade gearbeitet hat."

… und keiner bloggt alleine

Wie bereits eingangs gezeigt, ist beim Bloggen die intensive Kommunikation unerlässlich: Alles ist miteinander vernetzt: Blogs mit Blogs und Websites, Blogs mit Verzeichnissen und Unternehmen, Blogger mit anderen Bloggern, Blogger mit Websites und mit Blogs und dann noch die Suchmaschinen.… Sie bilden ein Gebilde, das Blogosphäre genannt wird. Wenn Sie für Ihr Unternehmen eine Website ins Netz stellen oder einen Newsletter versenden, werden Sie sich auf das Produkt konzentrieren und vielleicht mal nachschauen, wie die anderen ihre Newsletter gestalten und sich Anregungen holen. Aber Sie würden sich nicht ohne Grund mit der „Konkurrenz" über Ihre Themen austauschen oder auf Ihrer Website Stellung nehmen zu den Artikeln anderer Sites.

Abbildung 20:
Hier geht's nicht nur um Gemüse – „Finanzen& Verwaltung", „Essen im Büro", „Deine Meinung zählt" – so lauten ein paar Kategorien des erfolgreichen Frosta-Blogs. (www.frostablog.de)

Aber beim Blog müssen Sie genau das tun. Ein Blog kann grundsätzlich nicht alleine existieren! Wenn Sie einen Weblog führen, werden Sie Teil der Blogosphäre werden. Das geschieht in Teilen ohne Ihr Zutun: Die Weblog-Software sendet bei jeder Änderung des Blogs einen „Ping" an einen zentralen Server, international ist das weblogs.com, in Deutschland blogg.de. Diese Dienste werden von den speziellen Weblog-Suchmaschinen wie Technorati oder Feedster regelmäßig indiziert, sodass Ihr Blog oder Ihr Artikel fast im selben Augenblick gefunden werden kann, in dem Sie ihn im Netz freigeben. Wenn Sie auf Nummer sicher gehen wollen, können Sie Ihren Blog auch bei Suchmaschinen und Blog-Verzeichnissen anmelden.

Damit Sie in der Blogosphäre etwas erreichen, sollten Sie sich eine Nische einrichten, sonst sind viele Ihrer Bemühungen um einen guten Blog ohne Wirkung. Was können Sie tun, um Ihren Blog bei anderen Bloggern und bei Ihrer Zielgruppe bekannt zu machen? Natürlich werden Sie zunächst alle Maßnahmen in die Wege leiten, die Sie üblicherweise ergreifen, um online oder offline ein Produkt, ein Angebot oder zum Beispiel Ihre Website bekannt zu machen. Dazu sollten Sie sich über einige blogspezifische Aktionen Gedanken machen.

1. Setzen Sie auf Links!
Alles, was Blogger beschreiben, verlinken sie auch. Die meisten Blog-Services (Technorati, Podex, Daypop, Blogpulse, deutsch Blogstats.de) listen Hitparaden der beliebtesten Blogs auf. Das Kriterium für den Listenplatz ist der Grad der Verlinkung.

Zum Teil können Sie ohne größeren Aufwand darauf Einfluss nehmen, indem Sie selbst in Ihrem Artikel auf Postings anderer Blogs verweisen. Sie setzen von dort aus einen Pingback, der automatisch zu einem Link auf Ihrer Seite führt: Manche Software „benachrichtigt" den von Ihnen verlinkten Blog über seinen neuen Link und setzt von dort aus einen Link auf Ihren Blog – sofern der andere Blogger das nicht unterbindet.

2. Verwenden Sie die Trackback-Funktion!
Sie haben einen Artikel über einen speziellen Sportwagen geschrieben? Und auf einem anderen Blog ein Posting über dasselbe Modell gefunden? Dann schicken Sie einen Trackback-Ping an die angegebenen URLs, dann erscheint auf dem anderen Blog ein Hinweis auf Ihren Artikel mit einem kurzen Textausschnitt.

3. Kommentieren Sie die Beiträge!
Aber nur, wenn Sie wirklich etwas dazu zu sagen haben. Die Adresse Ihres Blogs geben Sie am besten bei den persönlichen Angaben des Kommentators an. Sie können stattdessen den Kommentar zum Gelesenen im eigenen Blog posten und auf den besprochenen Artikel verweisen.

Das eigene Blog zu etablieren, ist ein Prozess, der sich durchaus über einen längeren Zeitraum hinziehen kann und der nicht manipuliert werden kann! Ein Blog ist kein Marketinginstrument aus dem Bereich der „Schnellfeuerwaffen". Tricks, reine Werbung oder Spam haben keine Chance. Solche Aktionen könnten Ihrer Firma sogar eher einen Schaden zufügen. Deswegen ist es auch so wichtig, den richtigen Blogger auszusuchen, denn er muss mehr als nur kurze Artikel schreiben, er muss in die Blogosphäre eintauchen. Dazu braucht man Zeit und auch echtes Interesse am Bloggen und an den Themen! Es nützt wirklich nichts, Artikel nur zu kommentieren, um auf das eigene Blog aufmerksam zu machen, das würden die Leser schnell durchschauen, Ihr Ruf in der Blogosphäre wäre ruiniert und Ihr Blog damit gescheitert!

Tatsächlich ist die intensive Kommunikation eine Stärke des Blogs, vor allem weil Wissen personalisiert und konzentriert wird. So können Sie schnell an relevante und vor allem praxisnahe Informationen kommen, vor allem die Feedbacks zu Ihren Artikeln können sich zu sehr interessanten Diskussionen entwickeln und Ihr Thema mit neuen Ideen befruchten. Und genau das kann für Sie auch unangenehm sein, denn Sie müssen damit rechnen, dass Ihr Artikel nicht ohne Reaktionen bleibt, im besten Fall positive, es wird aber immer auch kritische und ablehnende Stimmen geben. Sie sollten sich im Vorfeld Gedanken machen, wie Sie mit Kritik an sich, Ihrem Unternehmen oder Ihrem Blog umgehen. Was passiert, wenn Ihnen Fehler nachgewiesen werden? Wie werden Sie auf sachliche, aber negative Postings reagieren, vor allem, wenn Sie befürchten, sie könnten Ihrer Firma schaden? Wo ziehen Sie die Grenze, wenn persönliche Toleranzgrenzen überschritten werden?

Diese Fragen müssen Sie individuell beantworten, aber berücksichtigen Sie dabei, dass die größten Fehler beim Bloggen immer das Ignorieren und das Vertuschen sind. Wozu haben Sie eine Kommentarfunktion in Ihrem Blog, wenn sie keine Kritik lesen wollen?

Weiterführende Literatur

Netzjournalist.twoday.net: Der Journalist Thomas Mrazek schreibt über Journalismus und Weblogs. Zu diesen Themen hat er eines der größten Literaturverzeichnisse zusammengetragen.

Der **PR-Blogger Klaus Eck** schreibt klug und unterhaltsam über den Einsatz von Weblogs in Marketing und Kommunikation. (http://klauseck.typepad.com)

Neu, Hajo; Breitwieser, Jochen: Public Relations: Die besten Tricks der Medienprofis, 2009. Im Kapitel „Social Media und Online-PR zum berechenbaren Faktor machen" zeigen sie die Vorteile, die der Einsatz von Weblogs in der PR bietet.

10. Das Redaktionsteam

Die Aufgabe einer Online-Redaktion ist es, Inhalte online zur Verfügung zu stellen – das ist der kleinste gemeinsame Nenner, denn „die" Online-Redaktion gibt es nicht. Die Ausprägungen reichen von der Redaktion des Online-Magazins, die sich wenig von einer klassischen Zeitungs- beziehungsweise Zeitschriften-Redaktion unterscheidet bis hin zur Firmenredaktion, die alle Online-Angebote – Intra-, Inter- oder Extranet – eines Unternehmens betreut. Je nach Firmenziel hat die Web-Präsenz einen unterschiedlich großen Stellenwert für das Unternehmen. Manche Firmen nutzen ihren Auftritt als einzige Verkaufsplattform, die daher aktuell sein und von mehreren Mitarbeitern rundum betreut werden muss. Andere sehen ihre Präsenz lediglich als eine Art Visitenkarte. So wird der Web-Auftritt der Firma Siemens, die weltweit etwa 35.000 Mitarbeiter beschäftigt, von einer einzigen Person betreut. Die Online-Ausgabe einer Tageszeitung wird ihre Aktualität dagegen nur mit einem größeren Team gewährleisten können.

Genauso unterschiedlich wie die Online-Redaktionen sind die Anforderungen, die an einen Online-Redakteur gestellt werden: Muss er in der Lage sein, alle anfallenden Aufgaben selbst zu erledigen – ein journalistischer, technisch- und marketingversierter Alleskönner sein? Und welchen beruflichen Hintergrund braucht er dafür? Gerade in größeren Redaktionen haben sich neben dem Allrounder neue Berufsbilder etabliert, die ihm spezielle Aufgaben abnehmen können und müssen.

Der Online-Redakteur

Die Aufgaben des Online-Redakteurs

Die Aufgaben, die auf einen Online-Redakteur täglich zukommen, unterscheiden sich nicht wesentlich von denen seiner Offline-Kollegen: Die Anforderungsprofile an die Redakteure sind ebenso vielseitig wie die Tätigkeitsbereiche. Aus diesem Grund sind für den Beruf des Online-Redakteurs journalistische Kernkompetenzen gefragt, denn er muss genauso wie ein herkömmlicher Journalist recherchieren, Quellen prüfen und analysieren, Inhalte mediengerecht aufarbeiten, gestalten und zielgruppenorientiert vermitteln. Was sich am ehesten unterscheidet, ist die Arbeitsweise: Hier ist eine stärkere Orientierung auf das Internet bei vielen Aufgaben zu verzeichnen, wie etwa beim Recherchieren. Dazu kommen die online-spezifischen Anforderungen an Text und Gestaltung. So wie sich ein Zeitungsredakteur mit dem Einsatz von Bildern und den technischen Bedingungen des Drucks auskennen sollte, muss ein Online-Redakteur die Erfordernisse seines Mediums beherrschen.

Zunächst fällt es Online-Redakteuren zu, eine Website inhaltlich zu konzipieren. Sie wählen Themen aus, die ihre Zielgruppe interessieren: „Die Aufgabenbereiche des Fachredakteurs sind, erst einmal zu formulieren: Was kommt ins Internet rein? Also die Konzeption: Was möchte ich gerne wie präsentieren? Und für wen vor allen Dingen. Wir haben einen starken Fokus auf die Konzeption", meint Guido Steinbeck, der Leiter des E-Business-Bereichs für Privatkunden der Allianz in München.

Hand in Hand mit der Themensuche geht die Recherche, wobei natürlich bei einem Online-Redakteur Vieles über das WWW läuft: Abonnierte Newsletter, die ihn über die neuesten Entwicklungen in seinem Bereich informieren, bestimmte Websites nach News abgrasen, Suchmaschinen befragen und Agenturmeldungen durchforsten. Das Surfen im Internet darf allerdings nicht die einzige Rechercheform sein. Immer wieder wird die Gefahr der „Googleisierung" des Journalismus diskutiert und darauf hingewiesen, dass Journalisten sich hüten sollen, sich allein auf online recherchierte Fakten zu verlassen und allein das Medium Internet als Informationsquelle zu nutzen. Es gehört aber natürlich zur Medienkompetenz des Online-Redakteurs, gerade die Online-Quellen richtig einschätzen zu können – hier ist die Gefahr nicht unbedingt größer als beim Print-Journalismus.

Das völlige Neuschreiben von Texten steht beim Online-Redakteur nicht ganz so sehr im Vordergrund wie bei seinen Print-Kollegen. Gründe dafür liegen darin, dass viele Websites etwa „Print-Geschwister" haben, die als Textquellen dienen. In der Online-Ausgabe werden Texte aus Printmagazinen, Broschüren, Kundenzeitschriften etc. erneut verwertet. Auch die sonstigen Content-Quellen bieten oft (Roh-)Texte an. Aus diesem ihm zur Verfügung stehenden Fundus von unterschiedlichen Texten muss der Redakteur eine Auswahl treffen und diese thematisch der richtigen Abteilung seiner Website zuordnen. Dann beginnt die Arbeit des Redigierens. Dieses Verb – dem der

Beruf den Namen verdankt – leitet sich aus dem Lateinischen ‚redigere' „in Ordnung bringen" ab: Der Text wird inhaltlich, sprachlich und formal überarbeitet und entweder druckfertig oder eben veröffentlichungsfertig gemacht. Texte von freien Textern und anderen Autoren werden auf inhaltliche Fehler hin überprüft, dazu sprachlich an den Ton der Website angepasst. Wichtig ist das, wenn für Firmen ein Corporate Wording vereinbart wurde. Die formale Anpassung gilt vor allem für Texte, die ursprünglich für andere Medien verfasst wurden, sie muss der Redakteur online-gerecht aufarbeiten: Lange Artikel, die auf eine Seite passen sollen, müssen gekürzt werden. Oder sie werden thematisch in unterschiedliche „Happen" aufgeteilt, die in die Architektur der Website eingepasst werden. Das bedeutet auch, dass sie per Links miteinander, aber auch mit anderen Elementen der Website verknüpft werden müssen. Damit wird dem Hypertext-Charakter des Mediums Rechung getragen und gleichzeitig ein einheitlicher Web-Auftritt garantiert.

Auch den multimedialen Aspekt darf der Redakteur nicht aus den Augen verlieren: Er trägt auch dafür Sorge, dass zum Text die richtigen Bilder, Grafiken oder sogar Videos und Musikdateien zur Verfügung stehen. Der technische Aspekt dieser Aufgabe darf allerdings nicht überbewertet werden. In großen Redaktionen ist für den gesamten multimedialen Bereich die Bildredaktion zuständig. Hier ist wichtig, dass die Zusammenarbeit reibungslos funktioniert. Auch wenn ein solches Ressort nicht vorhanden ist, werden die Aufgaben um Bildbearbeitung und Grafikerstellung nicht von den Redakteuren, sondern meist von der Design-Abteilung übernommen.

Internet-Präsenzen bestehen nicht nur aus Artikeln, oft kommen internetspezifische Rubriken hinzu, die der klassische Redakteur so nicht kennt. Trotzdem kann er hier auf seine journalistischen Kenntnisse zurückgreifen. Einen Newsletter oder die „Frequently Asked Questions" zu betreuen, bedeutet für ihn zwar, die ihnen eigenen Anforderungen und Gestaltungsmöglichkeiten zu berücksichtigen – die Regeln des verständlichen Textens und der klaren Sprache bleiben hier aber selbstverständlich die Basis.

Eine neue Welt betritt der Redakteur, wenn interaktive Elemente ins Spiel kommen. Die Leser einer Zeitung oder eines Magazins können der Redaktion ihre Meinung per Leserbrief kundtun. Ein Knopf mit „Kontakt" führt allerdings viel schneller zu einer Mail – und setzt die Hemmschwelle der Kontaktaufnahme herunter. Viele Redakteure berichten, dass das Lesen und Beantworten von Leser-Mails einen nicht unwesentlichen Teil ihrer Arbeitszeit beansprucht.

Ist der Stellenwert der Interaktivität für eine Website hoch – hat sie zum Beispiel einen eigenen Chatroom, ein Forum oder sonst eine Kategorie für Leserbeteiligung –, dann muss der Redakteur noch mehr Zeit damit verbringen, sich mit den Äußerungen und Meinungen seiner Zielgruppe auseinanderzusetzen. Dazu muss er noch Moderationsaufgaben übernehmen.

Gerade in Unternehmen spielt die Zusammenarbeit mit anderen Abteilungen eine große Rolle. Im Idealfall steht der Redakteur nicht nur mit den Kollegen aus Marketing, Werbung oder Öffentlichkeitsarbeit in regelmäßigem Austausch, um einen einheitlichen Firmenauftritt zu garantieren, sondern auch mit den Mitarbeitern anderer Abteilungen. Sie sind oft näher am Kunden als die

Tätigkeit	Journalisten, die diese Tätigkeit ausüben in %	Ø Dauer der Tätigkeit am Arbeitstag in Min.
Onlinerecherche	96,6	73
Verfassen eigener Texte	91,2	107
Auswahl von Texten	84,7	84
Redigieren von Agenturtexten und Pressemitteilungen	81,4	78
Redigieren der Texte von Kollegen und Mitarbeitern	80,5	54
Webseiten einpflegen/einkopieren	77,5	62
Offlinerecherche	76,9	35
Organisatorische und verwaltende Tätigkeiten	74,4	55
Produktion	64,1	32
Kontakt mit Usern	60,8	21
Programmierung	21,8	15

Abbildung 21: Die Studie „Online-Journalisten in Deutschland" des Instituts für Medien- und Kommunikationswissenschaften der TU Ilmenau aus dem Jahr 2003 beruht auf einer Befragung von 461 Online-Journalisten.
(Quelle: http://www.media-perspektiven.de/uploads/tx_mppublications/10-2003_Loeffelholz.pdf)

Redakteure und wissen oft genau, welche Themen für die Zielgruppe gerade aktuell sind und bilden so eine hervorragende „Content-Quelle" oder können sogar als Autoren hinzugezogen werden.

Wie sich eine solche Kooperation in der täglichen Routine niederschlägt, hängt auch von der Positionierung der Online-Redaktion innerhalb des Unternehmens ab – je stärker die Redaktion in die Unternehmensabläufe eingebunden ist, desto wichtiger wird die Zusammenarbeit.

Journalistische Basisfähigkeiten auch online gefragt

Wie sich bei den anfallenden Aufgaben des Online-Redakteurs zeigt, verlieren die journalistischen Basisfähigkeiten auch in der Virtualität nicht ihren hohen Stellenwert. Jedoch geht der Trend eindeutig zum „Allrounder". Technisches Wissen und dessen Anwendung sollten ebenso zum Repertoire eines guten Online-Redakteurs gehören wie die herkömmlichen Arbeitstechniken. Besonders wenn es um die Aufbereitung der Inhalte für immer populärer werdende neue Formen der Dienstleistungen wie WAP oder SMS-Ticker geht, ist ein technisch versierter Redakteur im Vorteil. Jedoch ergibt sich aus der Vielfältigkeit seiner Aufgaben im technischen sowie im redaktionellen Bereich die Problematik der Qualitätssicherung. Es ist keinem Redakteur zuzumuten, sich in beide Gebiete so gut einzuarbeiten, dass keine Defizite in einem der beiden Bereiche entstehen. Der Fokus muss also eindeutig auf der Erarbeitung des Content liegen. Die technische Umsetzung sollte an andere, dafür qualifizierte Redaktionsmitglieder delegiert werden.

Bei einer genauen Analyse von Stellenanzeigen für die Online-Branche zeigt sich eine breite, aber einheitliche Anforderungsskala:

- Journalistische Qualität wird groß geschrieben. Die Orientierung am Journalismus wird für grundlegend gehalten, deswegen wird oft eine Journalistenausbildung gefordert.
- Besonders betont wird die Notwendigkeit medienübergreifender und multimedialer Qualifikationen. Das zeigt, dass die Aufgaben innerhalb der Redaktion stärker von medienübergreifenden Publikationsstrategien bestimmt werden. Daneben garantieren solche crossmedialen Qualifikationen die geschätzte breite Ausbildung.
- Technisches Verständnis ist nicht unerheblich. Vor allem der Umgang mit Redaktionssystemen sollte vertraut sein. Nicht selten werden gute HTML-Kenntnisse und Grundlagen in weiteren Anwendungen wie Shockwave Flash, Adobe Photoshop, Macromedia Dreamweaver und Programmier-Sprachen wie CGI-Scripten, JavaScript, Dynamic HTML, sowie verschiedenen Editoren gewünscht.

Wird also doch die eierlegende Wollmilchsau gesucht? Die meisten Online-Journalisten bringen nach wie vor eine journalistische Vorbildung und berufliche Erfahrung mit. Genau diese Eigenschaften werden bei der Einstellung in der Regel auch erwartet.

Ausbildung

Jeder kann sich „Journalist" oder „Online-Journalist" nennen – weder ist die Berufsbezeichnung geschützt noch ein Ausbildungsweg festgelegt. Trotzdem hat sich im Lauf der Zeit eine gewisse Übereinkunft beim Berufsbild und bei der Ausbildung herauskristallisiert. Hier folgt der werdende „Online-Journalist" in weiten Strecken seinem offline-Kollegen:

Der direkteste Weg geht über eine Journalistenschule, man braucht dafür höchstens Abitur – allerdings sind die Auswahlverfahren sehr hart. Geprüft und gefordert werden praktische Proben und Allgemeinwissen. Den Absolventen, denen es gelingt, einen dieser wenigen Plätze in den Schulen zu bekommen, stehen viele Türen im Journalismus offen.

Häufig erfolgt ein Berufseinstieg zum Journalisten über ein Volontariat, das in ein bis zwei Jahren zum Redakteur ausbildet. Dem Volontariat geht meist ein Studium voraus, zwei Drittel aller Journalisten sind Akademiker. Auch hier ist das Fach nicht bindend: Klassische Studiengänge für diesen Bereich sind etwa Journalistik, Medien- oder Kommunikationswissenschaften und Publizistik. Viele Journalisten studieren ein Fach, das sie vom Thema her interessiert und qualifiziert, die Zusatzqualifikationen erwerben sie dann in der Praxis oder in einem berufsbegleitenden Studium.

Alle Studiengänge und Ausbildungen, die in den journalistischen Bereich führen sollen, haben in der Zwischenzeit die speziellen Anforderungen an den Online-Journalisten in ihre Ausbildungspläne integriert.

Spezielle Studiengänge zum Online-Journalisten beziehungsweise Online-Redakteur gibt es an öffentlichen Hochschulen bisher nur in Köln und Darmstadt. Aber Sie können an zahlreichen privaten Instituten ähnliche Ausbildungswege absolvieren, sie werden sowohl als Vollzeitstudium als auch in modularen Einheiten angeboten. Daneben existieren Studiengänge, die sich inhaltlich in großen Teilen an den Aufgaben des Online-Redakteurs orientieren, sich aber eher in den Bereich der Informationswissenschaften beziehungsweise den multimedialen Kommunikationswissenschaften einordnen.

Aber nicht bei jedem Online-Redakteur stand die journalistische Ausbildung im Mittelpunkt, sehr häufig steht am Anfang eine Berufsausbildung oder Studium mit einiger Berufserfahrung. Das journalistische Handwerkszeug erwerben die Redakteure dann entweder im Lauf des Berufslebens in der Praxis und in modularen Seminaren „on the job" oder sie eignen es sich kompakt in einem Aufbaustudium oder längerfristigen Weiterbildungsangebot an.

Weitere Berufe in der Online-Redaktion

In einer Online-Redaktion gibt es neben dem Online-Redakteur noch einige weitere Berufsbilder. Einige von ihnen kennt man von herkömmlichen Redaktionen. Die „alten" Betätigungsfelder, wie beispielsweise der Redakteur, der Ressortleiter oder der klassische Reporter, sind auch weiterhin die Stützen einer funktionierenden Redaktionsarbeit. Neue Arbeitsfelder tauchen in erster Linie im technischen Bereich auf. Jetzt finden sich Screendesigner und Web-Content-Manager in den Redaktionsstuben wieder. Durch den innovativen

Charakter dieses neuen Mediums sind die Arbeitsfelder noch nicht klar definiert und voneinander abgegrenzt.

Die Aufgaben müssen innerhalb einer Online-Redaktion noch differenzierter verteilt werden als es bisher der Fall ist. Je klarer die Aufgabenfelder definiert und die jeweiligen Verantwortlichen für die gewachsenen Anforderungen qualifiziert sind, desto besser funktioniert das Zusammenspiel zwischen den einzelnen Ebenen einer Redaktion. Eine eindeutige Ausdifferenzierung der Berufsbilder wird nach Ansicht von Peter Gladisch, Leiter der Dortmunder Multimedia-Akademie ,akamedia' schon bald stattfinden.

Festlegen, überwachen, koordinieren: Chefredakteur und (Web-)Content-Manager

Chefredakteur

Die Berufsbezeichnung „Chefredakteur einer Online-Redaktion" wird oftmals für die in das World Wide Web eingezogenen Internet-Ableger der großen Printmedien verwendet. Das Koordinieren seiner Redakteure und Ressortleiter stellt den größten Teil der zu bewältigenden Arbeit dar. Zeitpläne einzuhalten, Termine festzulegen und sonstige organisatorische Arbeiten zu erledigen, fallen in den Bereich des „Chefs vom Dienst".

Dem Chefredakteur unterstehen im Allgemeinen die für die journalistische Arbeit verantwortlichen Online-Redakteure der einzelnen Ressorts. Wenn es sich um den Web-Auftritt einer Zeitschrift handelt, sind diese in die üblichen Kategorien eingeteilt: Politik, Lokales, Wirtschaft etc. Sie stellen die herkömmlichen Rubriken dar, wobei im besten Fall noch die Möglichkeit der zusätzlichen Informationsbeschaffung durch Verlinkungen bereitgestellt werden muss. Das Texten für dieses neue Medium unterliegt besonderen Bedingungen.

Web-Contentmanager

Bei einem Firmenauftritt verhält sich das etwas anders: Statt dem Chefredakteur steht der Web-Content-Manager als übergeordnete Instanz der Online-Redaktion vor. Er konzipiert und betreut sowohl die Internet-Auftritte als auch alle internen Online-Angebote des Unternehmens. Dabei ist er stärker technisch ausgerichtet als der Chefredakteur, weil die Portale vieler Firmen nicht nur „einfache" Artikel anbieten, sondern oft komplexe Serviceleistungen zur Verfügung stellen, für die komplexe Software gebraucht wird. Das Web-Angebot wird meist mit Hilfe eines CMS und einiger Datenbanken generiert und gesteuert, wobei die Einrichtung und Pflege der CMS mit zum Aufgabenbereich des Content-Managers gehören. Ihm obliegt dabei weiterhin – wie auch dem Chefredakteur – die koordinierende redaktionelle Betreuung des Internet-Angebots. Dazu gehört neben der klassischen Redaktionsarbeit das Schreiben, Aktualisieren, Überarbeiten, Verwalten und Archivieren des Contents, auch der Ein- und Verkauf von Content, die Auftragsvergabe an Autoren, Redakteure oder Web-Designer sowie zahlreiche Managementaufgaben.

Die Rolle des Content-Managers verbindet also journalistische mit kaufmännisch-organisatorischer Tätigkeit, wobei die wirtschaftliche Nutzung der Inhalte einen höheren Stellenwert einnimmt als beim Chefredakteur einer Online-Zeitung.

Aufgaben des Chefredakteurs
- Koordinierung der Ressortleiter/Redakteure
- Qualitätssicherung, Funktion des Gatekeepers
- Organisatorische Aufgaben (Festlegen von Terminen, Einhalten von Zeitplänen)

Aufgaben des Web-Content-Managers
- Themenplanung und Festlegung von Content-Strategien, Konzeption neuer Angebote
- Sicherung des Qualitätsstandards hinsichtlich der Inhalte
- Aufbau und Weiterentwicklung eines Content-Management-Systems (CMS)
- Koordination und Führung der Mitarbeiter im Bereich der Website-Pflege und der redaktionellen Inhalte

Webmaster – umsetzen und verknüpfen

Um die redaktionelle Ebene zu entlasten und somit die Qualitätssicherung im Content-Bereich zu gewährleisten, bietet es sich an, eine Zwischeninstanz fest zu etablieren: den Webmaster. In manchen Fällen wird dieser auch als Web Editor bezeichnet. Er stellt die Schnittstelle zwischen der inhaltlichen Ebene und der technischen Umsetzung dar. Zum einen gibt er den Mitarbeitern im redaktionellen Arbeitsbereich die Möglichkeit, sich voll und ganz auf die Inhalte zu konzentrieren, zum anderen kann er auf die neuen und stetig steigenden Anforderungen an eine Website reagieren.

Der lukrative Teil eines Web-Angebots liegt vor allem in der Einbindung von E-Commerce-Lösungen. Die Entwicklung dieser Lösungen fällt in den Bereich des Webmasters. In diesem Zusammenhang fällt oft die Bezeichnung „Syndication-Networker". Man sollte sich jedoch gerade bei einer solchen Vielzahl von Berufsbezeichnungen auf eine einheitliche Betitelung einigen.

Zu den Aufgaben des Webmasters gehört des Weiteren das Erstellen und Editieren der Website. Er kümmert sich um die Aktualisierung, um die optimale Navigation und um die Verknüpfung der Inhalte über Links. Je nach Größe der jeweiligen Online-Redaktion kann diese Aufgabe auch in den Bereich des Screendesigners fallen. Auch das Erstellen von Templates kann entweder in den Bereich des Webmasters eingeordnet oder der grafischen Abteilung der Online-Redaktion zugeschrieben werden.

Die Vorgaben erhält er entweder durch den Web-Content-Manager im Falle einer Unternehmens-Website oder durch den Chefredakteur, wenn es sich um eine informationsorientierte Online-Redaktion handelt. Jedoch wird durch diese übergeordneten Instanzen nur der Rahmen vorgegeben, die Umsetzung unterliegt voll und ganz dem Webmaster. Eine weitere wichtige Aufgabe, die mit dem Web-Content-Manager zusammen bearbeitet wird, ist das Bereitstellen eines funktionsfähigen CMS.

Ein nicht zu unterschätzender Aufgabenbereich ist die statistische Auswertung und Dokumentation der Zugriffe auf das jeweilige Angebot. Nur durch diesen Arbeitsschritt lassen sich Rückschlüsse auf die Qualität der Inhalte und den Mehrwert für den User ziehen. Ein schnelles Reagieren auf jegliche Probleme ist durch ihn gewährleistet. Jedoch muss man sich auch hier an der Größe der Redaktion orientieren. Bei umfangreichem statistischem Auswertungsbedarf sollte dieser Bereich durch ein weiteres Arbeitsfeld abgedeckt werden.

Aus diesen Aufgabenfeldern ergibt sich eine Reihe von notwendigen Qualifikationen, die ein Webmaster mitbringen muss. Umfangreiche Kenntnisse in den Bereichen Hard- und Software, Betriebssysteme und Programmiersprachen gehören zum Grundrepertoire. Der routinierte Umgang mit HTML, XML, SGML und anderen relevanten Programmiersprachen ist unumgänglich. Als Schnittstelle zwischen den Textautoren, der technischen Ebene und den Nutzern sind Organisationstalent, Kommunikationsfähigkeit und soziale Kompetenz gefragt.

Im Bereich des E-Commerce gibt es keine klare Aufgabeneinteilung in das beschriebene Profil des Webmasters. Teilweise werden für die Betreuung externer oder gegebenenfalls auch interner Dienstleistungsanbieter eigene Arbeitsplätze geschaffen. Betriebswirtschaftliche Kenntnisse sind durchaus vorteilhaft, jedoch nicht zwingend notwendig. Abhängig ist dies vom Umfang der bereitgestellten zusätzlichen Angebote. Die Zusammenarbeit mit diesen Anbietern erfordert eine strikte Qualitäts-und Terminkontrolle. Hierbei spielt das Zusammenarbeiten der übergeordneten Instanz des Web-Content-Managers oder des Chefredakteurs eine bedeutende Rolle. Der Rahmen wird durch die Konzeption des Internet-Angebots vorgegeben.

Aufgaben des Webmasters
- Technische Umsetzung des Contents für das WWW
- Statistische Auswertung und Dokumentation der Zugriffe
- Technisches Problemmanagement
- Eventuell Betreuung des E-Commerce

Screendesigner – Navigation und visuelle Unterstützung

Die grafische Gestaltung der Bildschirmoberfläche der Websites oder Multimedia-CD-ROMs wird vom Screendesigner durchgeführt. Der hohe Stellenwert dieses Arbeitsbereichs ergibt sich aus der Interaktivität des Internet-Angebots. Die dynamischen und beweglichen Inhalte vieler Seiten erfordern viele konzeptionelle Arbeitsschritte. Oberste Priorität bei dem Entwurf ist eine benutzerfreundliche Oberfläche, die es dem User ermöglicht, die von ihm gewünschten Informationen schnell und in einer übersichtlichen Form zu finden. Eine klare Navigationsstruktur erleichtert dem Nutzer die Orientierung innerhalb des Web-Angebots. Die meisten Multimedia-Sites sprechen mehrere Sinne gleichzeitig an, die Benutzerführung muss sich diesem Umstand anpassen. Bild, Text und oftmals auch Ton müssen aufeinander abgestimmt werden. Häufig wird hierfür ein eigener Arbeitsbereich geschaffen. Ein sogenannter Multimedia-Redakteur übernimmt die Integration der neuen Medien im Video-, Audio- und Animationsbereich.

Die Hauptaufgabe des Screendesigners besteht einerseits in der attraktiven Gestaltung der Site, andererseits muss diese so geartet sein, dass sie den User nicht vom eigentlichen Inhalt ablenkt. Die grafische Ausarbeitung ist also stark abhängig von der jeweiligen Zielgruppe, die das Web-Angebot nutzen soll.

Auch Informationen über die technischen Kenntnisse dieser speziellen Nutzer sind für den Screendesigner von Bedeutung. Aus dieser Definition des Aufgabenfeldes wird ersichtlich, dass sowohl eine enge Kooperation mit der redaktionellen Ebene als auch mit der technischen Seite einer Online-Redaktion notwendig ist. Je komplexer die Anforderungen durch technische Zusatzleistungen sind, wie beispielsweise die gesamte Streaming-Media-Technologie, desto stärker muss die technische Seite einer Redaktion in den Arbeitsprozess mit eingebunden werden. Die Kommunikation zwischen den verschiedenen Ebenen ermöglicht eine optimale Anpassung der Benutzeroberfläche an die Inhalte und bietet somit dem Nutzer ein auf seine Bedürfnisse zugeschnittenes Internet-Angebot. Abschließend lässt sich sagen, dass der Screendesigner die ordnende und Übersicht schaffende Instanz einer mit Datenfluten arbeitenden Redaktion darstellt. Als Qualifikationen sind einerseits grafische Fertigkeiten und Ideenreichtum zu nennen, jedoch benötigt ein Screendesigner auch ein hohes Maß an technischen Kompetenzen. Der routinierte Umgang mit den gängigen Grafikprogrammen und 3-D-Tools sowie mit entsprechenden Bildbearbeitungsprogrammen ist Grundlage in diesem Arbeitsbereich. Systematisches Denken ist für die Erarbeitung von Designkonzepten und Navigationsstrukturen unerlässlich. Durch die enge Zusammenarbeit mit anderen Ebenen der Redaktion darf man den Stellenwert der sozialen Kompetenzen eines Screendesigners nicht unterschätzen. Nur durch sie ist eine effiziente und qualitativ hochwertige Arbeit möglich.

Aufgaben des Screendesigners:

▓ Grafische Gestaltung der Bildschirmoberfläche

▓ Konzeption einer benutzerfreundlichen Oberfläche und Navigationsstruktur

▓ Integration von neuen Medientechnologien (Streaming Media)

Bildredakteur – auswählen und bearbeiten

Der Aufgabenbereich eines Bildredakteurs besteht in erster Linie in der Recherche geeigneter Bilder und deren späterer Bearbeitung. Der Stellenwert eines aussagekräftigen Bildes ist im elektronischen Medium Internet sehr hoch. Durch das hohe Angebot an Webpages sind die visuellen Reize, wie beispielsweise Bilder und eine gelungene grafische Gestaltung, ausschlaggebend für das Verweilen eines Users auf der jeweiligen Seite. Das benötigte Bildmaterial wird oftmals durch externe Mitarbeiter, in diesem Fall freie Fotografen, bereitgestellt. Die Auswahl geeigneter Fotos hängt eng mit dem Inhalt des jeweiligen Web-Angebots zusammen. Die Kommunikation zwischen der Chefredaktion und dem jeweiligen Bildredakteur spielt hier eine wichtige Rolle. Seine Vorstellungen über Motive, Stil und Art des Fotomaterials sind für das Unterstreichen der inhaltlichen Aussage sehr wichtig. Des Weiteren ist die optische Aufbereitung des Inhalts für eine bessere Verständlichkeit unumgänglich. Auch bleiben durch diese visuelle Unterstützung die dargebotenen Informationen länger in Erinnerung. Der Inhalt wird durch eine geeignete Bebilderung aufgelockert. Problematisch ist im digitalen Zeitalter jedoch die Authentizität des Bildmaterials: Hier stellen sich dem Bildredakteur neue und wichtige Aufgaben. Durch die neuen und immer ausgefeilteren Technologien sind geschickte Fotomontagen und anderes manipuliertes Material leicht herzustellen. Hundertprozentige Sicherheit gibt es nicht, vertrauenswürdige Materialquellen gewinnen stark an Bedeutung.

Was für Qualifikationen muss ein Bildredakteur mitbringen? Zum einen sollte er über das technische Know-how im Bereich Fotografie verfügen. Seine Vorstellung, was die Art und den Stil des Fotos betrifft, kann nur so deutlich an den Fotografen weitergegeben werden. Falls er auf eine der unzähligen Bild-Datenbanken oder -Agenturen zurückgreift, sollte er über das nötige Gespür bei der Recherche des Materials verfügen. Ein Gefühl für Ästhetik und die richtige Proportionierung eines Fotos sind wichtige Eignungen. Ein Auge für die richtigen Kontraste, Farben und nicht zuletzt die Anordnung und das Format eines Bildbeitrags gehören zu den Basisanforderungen an einen Bildredakteur. Für die Qualitätssicherung im Bereich der Bebilderung eines Web-Angebots ist er der alleinige Verantwortliche.

Aufgaben des Bildredakteurs:
- Konzeption der Bildbeiträge zum spezifischen Content
- Recherchieren von geeignetem Bildmaterial
- Erwerb der Bildrechte oder Auftragsvergabe an externen Fotografen
- Auswahl und Bearbeitung der Bildbeiträge

Am User dran bleiben – Community-Manager

Das Verhältnis User – Online-Redaktion hat sich in den letzten Jahren entscheidend geändert: Der User ist in vielen Fällen aktiv an der Gestaltung einer Website beteiligt. Und ein wichtiger Arbeitsbereich in der Online-Redaktion ist die Betreuung der User. In einigen Fällen ist das sehr aufwendig und erfordert einen spezialisierten Redakteur oder einen eigenen Community-Manager, wie ihn sich etwa der Online-Shop „fahrrad.de" leistet. Der Shop wurde vom Branchenmagazin „Der Versandhausberater" zum „Online-Shop des Jahres 2007" gewählt. Und zwar, weil der Shop ein „[…] Musterbeispiel für die Verbindung von Community und Shopping […]" darstelle. Was macht jetzt der Community-Manager bei fahrrad.de?

Er betreut das Forum. Eigentlich sind es drei Foren (ein allgemeines und je eines zum Thema Mountainbike und Rennrad) mit zahlreichen Unterforen. Die Aufgaben des Community-Managers hier: Er macht Ankündigungen, begründet Vorgehensweisen und Entscheidungen des Unternehmens. Er ist für die Inhalte der Ordner zuständig, die von Unternehmensseite aus geführt werden. Dazu gibt er in den anderen Bereichen Impulse oder greift in Diskussionen ein. Bei dieser Arbeit wird er von Moderatoren unterstützt, die sich aus der Gruppe der User rekrutieren. Doch nicht nur, um seinen Arbeitsbereich zu entlasten, sondern auch weil es – wie er es in einem Forumsbeitrag formuliert – zur Gesamtkonzeption eines offenen Forums gehöre, „[…] Macht und Kontrolle auch an die User der Community abzugeben. Es soll ja ein gemeinschaftliches Projekt sein, für das sich alle Beteiligten verantwortlich fühlen."

Auf dieser Website kann jeder User ein Weblog anlegen. Bisher sind es dreißig Teilnehmer, die hier ihre Posts veröffentlichen. Natürlich führt der Community-Manager hier selbst ein Blog unter eigenem Namen. Dazu kommt noch die „Fahrradwerkstatt" – hier soll das Wissen rund um das „Schrauben am Bike" gesammelt werden – federführend wird wahrscheinlich auch der Community-Manager sein.

Auf der Website kann man sich auch über GPS-Touren und Locations informieren. Detailgenau vorgestellte Touren und Bewertungen von Fahrradparks. Die bisher einzige Tour (der Bereich ist noch sehr neu) stammt vom Community-Manager. Genau wie die meisten Artikel im Wiki – das noch sehr in der Anfangsphase ist.

Die Betreuung der Community erfordert also keinen klassischen Online-Redakteur, der Informationen sammelt und für den Leser aufbereitet, sondern einen „Super-User" mit Vermittlerqualitäten. Im Grunde macht der Community-Manager im Content-Bereich dasselbe, was die anderen User auch machen: Foren- und Blogbeiträge und Erfahrungsberichte schreiben, das eigene Wissen über Fahrräder teilen und Bilder oder Videos einstellen.

Warum fahrrad.de jetzt einen der ersten Community-Manager Deutschlands eingestellt hat? Zum einen hat die Geschäftsführung eingesehen, dass eine Community nicht nebenher betreut werden kann. Schon 2003 war ein Forum eingerichtet worden, das aber keinen Erfolg hatte: "Wir mussten das Forum einstellen, weil wir unterschätzt hatten, wie viel Arbeit das erfordert", sagte der Managing Director René Marius Köhler dem Magazin Impulse.

Abbildung 22:

Das ist der Community-Bereich von fahrrad.de. Die User können Bilder oder Videos einstellen, von hier aus ein Blog führen, Locations vorstellen und in Foren über ihr Hobby diskutieren. (Quelle: www.fahrrad.de)

Genauso wichtig ist aber auch die adäquate Betreuung. Dazu zählt sicher das professionelle Handwerkszeug, denn die Beiträge benötigen fachlich und sprachlich ein gutes Niveau. Aber in erster Linie – so mein Eindruck bei fahrrad. de – ist er Teil der Community. Er entspricht im Wesentlichen dem Profil der Zielgruppe. Steffen Gronegger beschreibt in einem Blogbeitrag seinen Weg von der Fahrradbegeisterung als Hobby zum Manager der Community – mit der treffenden Bilanz: "Damit wurde ich quasi zum Reporter in eigener Sache."

Weiterführende Literatur

www.aim-mia.de: Auf der umfangreichen Website des Koordinationszentrums für Ausbildung in Medienberufen in Nordrhein-Westfalen werden sowohl die verschiedenen Tätigkeitsbereiche der Medienbranche als auch die dazugehörigen Ausbildungsangebote vorgestellt.

Organisation der Online-Redaktion

Die Situation in den Online-Redaktionen

Beim Thema Organisation einer Online-Redaktion unterscheidet sich die Medienbranche stark von anderen Unternehmen. Im Medienbereich erregen gerade eine ganze Reihe neuer Modelle der Redaktionsorganisation Aufsehen und es hat den Anschein, dass Umstrukturierungen tiefgreifender Art stattfinden. In anderen Unternehmen führt die Online-Redaktion dagegen ein Dasein außerhalb des Rampenlichts.

Die Suche nach „der" Online-Redaktion gestaltet sich äußerst schwierig, weil es „die Online-Redaktion" häufig gar nicht gibt. Der kleinste gemeinsame Nenner: Die Aufgabe einer Online-Redaktion ist es, Inhalte online zur Verfügung zu stellen. Die Ausprägungen reichen von der klassischen Online-Redaktion in der Medienbranche, über selbständige Abteilungen in Unternehmen, die nur für das Internet zuständig sind und im Prinzip so arbeiten wie die Kollegen aus der Medienbranche bis zur Firmenredaktion, die alle Online-Angebote – Intra-, Inter- oder Extranet – eines Unternehmens betreut. Im Extremfall besteht eine Online-Redaktion aus einzelnen Mitarbeitern, die in Ihrer Arbeitszeit teilweise für redaktionelle Aufgaben freigestellt sind.

Über die Größe der Online-Redaktionen bieten die Content-Studien Aufschluss: Zweimal jährlich befragt die Kommunikationsagentur aexea zusammen mit dem Fachmagazin contentmanager. de Internet- und Intranetverantwortliche über die Abläufe und Organisation in Online-Redaktionen. Sie zeigen, dass die Größe der Redaktion vor allem mit der Unternehmensgröße korreliert, je größer das Unternehmen, desto größer die Zahl der hauptamtlichen Redakteure: Unternehmen mit mehr als 500 Mitarbeitern haben häufiger mehr als drei, die mittelständischen mit 100 bis 500 Mitarbeitern haben öfter drei, die kleinen Unternehmen begnügen sich mit einem oder verzichten auch auf den Redakteur in Hauptfunktion.

Ähnliche Beobachtungen lassen sich auch im Medienbereich machen: Online-Redaktionen sind im Schnitt deutlich kleiner als Redaktionen in den klassischen Medien. Es ist nicht ganz klar, warum das so ist: Liegt es daran, dass in den Online-Redaktionen eher modularisiert gearbeitet wird, weil eine Ausgabe nicht auf einmal komplett fertig gestellt werden muss und die Redakteure so kontinuierlich kleinere Einheiten abarbeiten können? Oder sind die Unterschiede in der Arbeit doch größer, weil die Redakteure eher Texte aus anderen Abteilungen oder anderen Medien umarbeiten als umfangreiche Eigenrecherchen durchzuführen? Newsdesk und Newsrooms – ein Modell auch für Unternehmen?

Man setzt also auf kleine Redaktionen, die von Zeit zu Zeit von anderen Kollegen beziehungsweise von freien Mitarbeitern unterstützt werden. Die geringe Zahl der hauptamtlichen Redakteure in Online-Redaktionen erübrigt eine intensive Diskussion über Einteilungen in Ressorts oder Sparten, hierarchische Abstufungen oder komplizierte Organigramme. Der Slogan „reinventing the newsroom", der Ruf nach der Neuerfindung der Redaktion, der die Ressortmauern zum Einsturz bringen soll, erschüttert zwar die Zeitungsredaktionen, liefert aber für die Online-Redaktionen nichts Neues. Vielmehr hat es den Anschein, dass die viel diskutierten Neustrukturierungen der letzten Zeit nicht zuletzt die Folge einer Umkehr sind: Der Einfluss-Strom verläuft jetzt in die entgegengesetzte Richtung. Bisher wurden die Vorgaben der klassischen Redaktionen für die Online-Redaktion modifiziert. In das neue Modell vom „Newsroom" oder „Newsdesk" fließen – neben amerikanischen Vorbildern – vor allem die Erfahrungen der Arbeit in den Online-Redaktionen ein. Natürlich spielen auch die negativen Zahlen des Printbereichs und die positiven Prognosen für „multimediale Dienste in jeglicher Form" eine tragende Rolle.

Ganz gleich aus welchen Gründen, die deutsche Medienlandschaft ist vom Neustrukturierungs-Boom erfasst. Die Nachrichten über eine neue Zusammenlegung, von der Gründung neuer „Newsdesks" und „Newsrooms" reißen nicht ab. Den letzten und – bisher – größten Coup landete der Springer-Verlag: Seit Ende 2006 werden alle Print- und Online-Angebote für die Titel Welt, Welt Kompakt, Welt am Sonntag und Berliner Morgenpost aus einem zentralen Newsroom heraus erstellt. Ziel dieser Fusion ist nach Aussage des Springer-Verlags die Stärkung des Internet-Angebots für welt.de.

Was bedeutet eigentlich ...

... Newsdesk?

Ein großer Tisch, an dem alles zusammenläuft, was die Redaktion an Material zur Verfügung hat. Hier können die Seiten verschiedener Ressorts koordiniert und produziert werden, aber auch crossmedial mehrere Plattformen abgestimmt und bedient werden.

... Newsroom?

„[...] newsroom heißt letztlich, alle sind zusammen und gehen mal kurz auseinander" meint Thomas Wanhoff (Podcast Experte) – manche bezeichnen es auch als ständige Redaktionskonferenz. Im amerikanischen Sprachgebrauch ist ein newsroom einfach der Ort, an dem die Redakteure (editors) arbeiten.

Das Modell des „Newsrooms" überwindet zwar die Ressortgrenzen, differenziert aber stärker in der vertikalen Arbeitsaufteilung: Ein Artikel bleibt nicht mehr in der Hand eines Redakteurs, der von der genauen Themensetzung und Recherche bis zum Schreiben alles selbst macht. Vielmehr gibt es jetzt eine personelle Aufteilung bezüglich der Arbeitsweise. Es gibt den editor (Redakteur), der die Themen plant und koordiniert, die Texte überarbeitet und kontrolliert. Daneben ist der „reporter" (Reporter) für die Belieferung mit Rohstoffmaterial außerhalb der Redaktion zuständig, er recherchiert und schreibt.

Die Zusammensetzung der Online-Redaktionen aus wenigen hauptamtlichen Redakteuren und ihnen zuarbeitenden Mitarbeitern in Nebenfunktion hat Parallelen zum Newsroom: Eine starre Aufteilung nach inhaltlichen Themengebieten ist in den Redaktionen eher die Ausnahme.

Die wenigen (hauptamtlichen) Redakteure in den Online-Redaktionen können leicht in einem Büro zusammenarbeiten. Von hier aus steuern sie die Themenplanung und vergeben Aufträge an andere Mitarbeiter. Sicher gibt es einen festen Stamm, der regelmäßig der Redaktion zuarbeitet, dazu kommen noch einzelne Mitarbeiter, die zum Beispiel als Experten einzelne Artikel oder zumindest die Informationen in die Redaktion liefern. Bedingt durch die kleine Mitarbeiterzahl können innerredaktionelle Arbeitsroutinen relativ leicht informell geregelt werden, eine strategische Organisation oder starre Strukturierung ist hier nicht erforderlich. Im besten Fall kann das Arbeitsaufkommen spontan und durch Zuruf geregelt werden.

11. Arbeiten in der Online-Redaktion: interne Prozesse

Eine Online-Redaktion ist keine isolierte Zelle innerhalb eines Unternehmens, da viele ihrer Aufgaben eine in Teilen intensive Zusammenarbeit mit anderen Abteilungen erfordern. Sie sollte also im Idealfall in die Unternehmensprozesse eingebunden sein. Diese Forderung erscheint auf den ersten Blick zwar selbstverständlich und notwendig – sie wird aber in vielen Unternehmen nicht konsequent realisiert. Das liegt auch daran, dass die Integration in die Unternehmensstruktur ein komplexes Problemfeld ist, das von einer Vielzahl an Faktoren abhängt, beispielsweise von der bestehenden Firmenorganisation, dem Zuständigkeitsbereich der Online-Redaktion und der Art der zu betreuenden Website. Sogar die Entstehungsgeschichte des Internetauftritts und die Umstände der Gründung wirken sich auf die Position der Online-Redaktion innerhalb eines Unternehmens aus und bestimmen Art und Umfang der externen Prozesse, die Teil der Redaktionsarbeit sind.

Die internen Abläufe in einer Redaktion lassen sich einfacher definieren und organisieren – wenn man den Kernprozess der Online-Publikation im Auge behält: Im Prinzip muss festgelegt werden, wie Inhalte erstellt oder geändert, wie sie zur Veröffentlichung freigegeben werden und was mit ihnen passiert, wenn sie für die Online-Präsentation nicht mehr gebraucht werden. Das entspricht in weiten Teilen den bekannten Prozessen einer Printredaktion – allerdings mit einem signifikanten Unterschied: Das elektronische Publizieren ist sehr direkt und zeitnah, weil der Umweg über eine Druckerei ebenso entfällt wie die Un-terscheidung einzelner Ausgaben. Es gibt keine getrennten Hefte einer Website, die zu einem bestimmten Zeitpunkt erscheinen – wie etwa in einem Printmagazin oder einem Kundenprospekt. Das hat für die Redaktionsarbeit entscheidende Folgen:

- Computer und Software sind integrale Bestandteile der Publikation – nicht nur Arbeitshilfen bei anfallenden Routineaufgaben. Viele Arbeitsabläufe werden deshalb direkt mit Hilfe eines Content-Management-Systems festgelegt.
- Da die Veröffentlichung einfach per Tastendruck erfolgt, ist der Freigabe der Artikel größere Aufmerksamkeit zu schenken.
- Ein besonders zu definierender Aktualisierungs- und Änderungsprozess kommt hinzu.
- Beim Festlegen des Lösch- und Archivierungsprozesses sind rechtliche Fragen zu berücksichtigen.

Erstellungsprozess

Das Schreiben von Artikeln gehört zur Grundkompetenz eines Online-Redakteurs. Wenn allein die Redakteure für deren Erstellung zuständig sind, ist dieser Teil der Redaktionsarbeit relativ unproblematisch, da die Redakteure als Fachkräfte an allen Teilschritten des Entstehungsprozesses unmittelbar beteiligt sind: Sie sind bei der Themensuche in der Redaktionskonferenz dabei, sind sowohl mit den Funktionen des CMS als auch mit der Architektur der Website vertraut. Sie kennen die

Anforderungen an die unterschiedlichen Darstellungsformen und Artikeltypen und beherrschen dazu auch das firmeninterne wording. Das alles sind Voraussetzungen, die das Schreiben eines guten Artikels erleichtern, die auf die Autoren außerhalb der Redaktion aber nicht unbedingt in vollem Umfang zutreffen. Worin aber einige Mitarbeiter den Redakteuren in Teilen überlegen sein können, ist die Fachkompetenz. Sie wissen oft genau, was für die Firma thematisch relevant ist, und bekommen wichtige Informationen früher als die Redakteure, deswegen sollten sie durchaus als Autoren gewonnen werden.

Nur können dabei auch Probleme auftreten. In der Praxis kommt es manchmal zu folgendem Szenario:

Ein Fachmann hat wissenswerte Informationen und interessante Neuigkeiten zu seinem Themenbereich, aus Zeitmangel entwirft er einen Überblick in Stichworten und gibt ihn dann an einen Mitarbeiter weiter, der daraus einen Artikel schreiben und ihn dann in das Content-Management-System stellen soll. Dieser Vorgang wirft einige Fragen auf: Stimmen Entwurf und endgültiger Artikel jetzt in den Fakten und in der Tendenz überein? Passt der Artikel wirklich in die Kategorie der Website, in die er gestellt wurde? Wie sieht es mit der redaktionellen Qualität des Textes aus? Oft ist diese Art von Texten inhaltlich wirklich aufschlussreich, hat aber strukturelle oder sprachliche Mängel. Natürlich gibt es im Freigabeprozess Instanzen, die solche Schwächen erkennen und beseitigen sollen, nicht immer ist das aber ohne Weiteres möglich. Manchmal ist eine Bearbeitung des Textes so aufwendig, dass es besser wäre, ihn doch ganz neu zu schreiben.

Um solche Reibungsverluste zu vermeiden, sollte jeder Fachmann, der auch als Autor fungiert, im Vorfeld zumindest mit der Struktur der Website und des CMS vertraut gemacht werden und möglichst auch in einer Schulung die wichtigsten Regeln für das Schreiben im Netz kennenlernen.

Schreiben kann doch jeder!

Ein Unternehmen entscheidet sich, für eines seiner Produkte einen Fernsehspot zu produzieren. Die Spezialagentur macht sich mit Drehbuchautor, Dialogregisseur und weiteren Spezialisten ans Werk. Der Geschäftsbericht wird bei einem Spezialistenteam in Auftrag gegeben.

Ein Unternehmen braucht Web-Text für seinen Internet-Auftritt. Der zügige Griff des Verantwortlichen zum Telefon macht es deutlich – es gibt eine naheliegende Lösung – in der Lohnbuchhaltung sitzt eine freundliche Mitarbeiterin, die zwei Wochen im Monat nicht voll ausgelastet ist. Sie wird in Zukunft die Texte verfassen und im CMS einpflegen. Der Internetverantwortliche lehnt sich mit einem glücklichen Lächeln zurück, welches zeigt: „Ich bin zufrieden."

Freigabeprozess

Dass nicht geprüfte, fehlerhafte oder ungewünschte Inhalte ins Netz gestellt werden, kann beim Medium Internet sehr schnell passieren. Ein Tastendruck kann genügen und schon kann die ganze Welt lesen, was sie nicht lesen soll! Besonders groß ist die Gefahr, wenn jeder Autor auch die Berechtigung hat, seine Artikel selbst online zu schalten. Auf der anderen Seite kann der Vorteil der Schnelligkeit und Aktualität sehr darunter leiden, dass jeder Artikel einen langen Weg von Überprüfungen, Korrekturen nehmen muss, der leicht blockiert werden kann, zum Beispiel wenn dafür zuständige Personen nicht da sind. Die Antwort auf die Frage, was mit den fertiggestellten Artikeln passiert, liegt also am besten irgendwo zwischen diesen beiden Extremen.

Obwohl die einfachste Lösung, bei der jeder Autor seine Artikel selbst freischalten darf, durchaus praktikabel sein kann. Voraussetzung dafür ist jedoch, dass die Autoren sehr eng in die Redaktion eingebunden und sowohl fachlich als auch journalistisch qualifiziert sind. Darüber hinaus sollte die Redaktion selbst überschaubar sein, sodass die Kommunikationswege kurz bleiben und alle Fragen direkt besprochen werden können.

Selbst in dieser fast utopisch anmutenden Situation darf auf ein Gegenlesen der Texte und Prüfen der Inhalte nicht verzichtet werden, um die Fehlerquote im Griff zu behalten.

Das „Vier-Augen-Prinzip" mit zwei beteiligten Mitarbeitern ist die übliche Vorgehensweise für die Qualitätssicherung des Contents. Der Autor übergibt seinen Artikel einem Mitarbeiter, der ihn prüft und ihn dann entweder dem Autor zum Überarbeiten oder Ändern zurück gibt oder ihn zur Veröffentlichung freigibt. Der Artikel kann aber zum Beispiel zusätzlich noch an den zuständigen Fachbereichsleiter weitergeleitet werden, der ebenfalls grünes Licht signalisieren muss. Auf diese Weise können noch mehrere Kontrollstufen eingefügt und damit das „Vier-Augen-Prinzip" auf X Augen ausgebaut werden.

Die Qualität des Contents ist nicht nur von der Zahl der Augen abhängig, sondern auch davon, wer die Artikel prüft und endgültig freigibt. Oft wird die Freigabe einfach mit Verantwortungsbereichen oder Hierarchien verknüpft, sodass nur der Chefredakteur oder der Content-Manager Artikel freischalten kann. Auch hier ist die Balance zu halten zwischen der Möglichkeit, etwas schnell ins Netz stellen zu können und der Einhaltung gesetzter Qualitätsstandards.

Das Dilemma bei Prüfung und Freigabe von Content liegt darin, dass bei der Einschätzung der Qualität von Online-Artikeln mindestens zwei Aspekte berücksichtigt werden müssen: Zum einen müssen sie inhaltlich und fachlich korrekt sein. Zum anderen sollte der Aufbau und die sprachliche Formgebung stimmen. Im Idealfall fallen die Kompetenzen für die Bewertung beider Bereiche in einer Person zusammen: Hier handelt es sich um einen Mitarbeiter, der in Fachfragen bis ins Detail informiert und auf dem Laufenden ist und daneben die Anforderungen an einen lesefreundlichen Text ohne Schwierigkeiten beherrscht. Leider sind solche Mitarbeiter nicht die Regel – außer natürlich in den Reihen der Online-Redakteure, die eigentlich alles können müssen!

Beim „Vier-Augen-Prinzip" wird also wahrscheinlich eines von beiden Qualitätsprinzipien leiden. In der Praxis wird in der Regel mehr Wert darauf gelegt, dass die Artikel fachlich einwandfrei sind – Defizite in der lesefreundlichen Darstellung werden eher übersehen! Eine Lösung besteht darin, die Qualitätsprüfung aufzuteilen und die Artikel zunächst von einem Fachredakteur oder der Fachabteilung durchschauen und anschließend von einem versierten Redakteur auf sprachliche Mängel hin prüfen zu lassen.

Aktualisierung und Änderung

Auch wenn es abgedroschen klingt: Der Vorteil der Online-Publikation ist die Aktualität! Im Prinzip ist es kein größeres Problem, die Informationen einer Website aktuell zu halten. Im Detail ist es das bei größeren und komplexen Websites schon! Hierbei kommt ins Spiel, dass es online keine „feste Ausgabe" gibt, die als Ganzes entweder aktuell oder veraltet ist. Es gibt nur Momentaufnahmen. Zu einem bestimmten Zeitpunkt können eine Reihe von Inhalten verschiedenartiger Stati nebeneinander stehen, wobei fast alle Kombinationen und Abstufungen möglich sind: Es gibt gültige und aktuelle Inhalte, bei einigen stimmen die Infos nicht mehr und sie sind veraltet, weitere sind auf eine gewisse Weise noch richtig, aber nicht wirklich auf dem neuesten Stand. So nimmt die Prüfung der Aktualität und der Aufgaben rund um die Aktualisierung der Website einen wichtigen Teil der täglichen Redaktionsarbeit ein.

Es gibt Informationen mit von vorneherein beschränkter Gültigkeitsdauer, die in festen Zyklen aktualisiert werden müssen. Klassisch sind dabei die Nachrichten auf der Seite „Aktuelles" oder etwa Börsenkurse, die als Serviceleistung den Lesern zur Verfügung gestellt wurden. Für die Pflege dieser Inhalte eignen sich Content-Management-Systeme besonders gut, da sie oft über eine zeitgesteuerte Freigabe verfügen, die zum Beispiel Dokumente nach einer bestimmten Zeit automatisch vom Server nehmen. Aber auch ohne Software-Unterstützung bereiten die zyklisch zu erneuernden Infos in der Regel keine größeren Schwierigkeiten, weil es einfach ist, sie in die tägliche Routine einzubauen. Genau wie täglich die E-Mails gelesen werden, gehört das Prüfen der bestimmten Bereiche einer Website einfach zu den Tagesaufgaben eines Online-Redakteurs.

Schwieriger zu handhaben sind die Inhalte, deren Gültigkeitsdauer nicht so eindeutig festzulegen ist. Ein Veranstaltungshinweis ist veraltet, wenn das Datum der Veranstaltung verstrichen ist. Aber wann ist ein Artikel über ein neues Produkt überholt? Wenn ein neues auf den Markt kommt? Was passiert, wenn der Artikel in seinen Grundzügen richtig und informativ ist, sich aber im Detail Kleinigkeiten geändert haben? Hier ist das Fingerspitzengefühl des Online-Redakteurs gefragt, denn er muss mehrere Kriterien berücksichtigen:

- Das Themengebiet: Ein Artikel über die Geschichte des Korsetts wird sich länger halten als ein Bericht über die neuesten Digitalkameras.
- Den Typ der Website: Intranet? .com? Organisation? Spieleportal?
- Den Artikeltyp: News, Werbung, interner Infotext …?
- Zugriffszahlen: Ein Artikel, der noch häufig angeklickt wird, bleibt natürlich länger stehen.

Es gibt aber noch einen Aspekt, der nicht so naheliegt – aber dennoch berücksichtigt werden muss: Die Verlinkung eines Artikels. Ein Artikel, auf den viele andere Websites verweisen, hat einen hohen Page Rank. Die Verweise machen ihn bei Suchmaschinen sehr beliebt. Ihn sollte ein Online-

Redakteur nicht so ohne Weiteres löschen oder ins Archiv verschieben. Und vielleicht seine Verlinkungen auch weiter beobachten: Solange die Zahl der Links sich nicht verringert oder sogar neue Links auf den Artikel dazu kommen, halten ihn einige andere Experten für aktuell.

Leider sind nicht immer alle Websites auf dem Laufenden, die Erfahrung vieler Leser, dass für sie wichtige Informationen nicht mehr zutreffen, führte zu einem Misstrauen gegenüber den Inhalten von Intra- und Internet. Sie können selbst nicht einschätzen, wie aktuell die Artikel sind, weil ihnen jeder Hinweis auf die Entstehungszeit fehlt. Lassen Sie den Leser nicht im Unklaren: Datieren Sie die Artikel, fügen Sie jedem noch so kleinen Hinweis eine Zeitangabe hinzu – etwa mit dem Satz „Stand der Information". Wenn Sie so transparent arbeiten, wird der Leser Ihnen eine größere Glaubwürdigkeit zubilligen, was im Internet ein großer Wert ist!

Wenn Artikel nicht mehr aktuell sind, muss die Entscheidung getroffen werden, ob sie nur geändert werden, in diesem Fall durchlaufen sie erneut den Erstellungs- und Freigabeprozess, oder ob sie endgültig von der Website entfernt werden, dann werden sie dem Lösch- beziehungsweise Archivierungsprozess zugeführt.

Wie häufig soll die Website aktualisiert werden?

Je öfter, desto besser – wenn man es aus dem Blickwinkel der Suchmaschinenoptimierung betrachtet. Suchmaschinen messen „frischem" Content einen höheren Wert bei und „bestrafen" Websites, die nur selten geändert werden. Doch bei den Überlegungen zum Aktualisierungszyklus der Website spielen noch andere Faktoren eine Rolle:

Angestrebte Besucherfrequenz: Wenn die User täglich bei Ihnen vorbeischauen sollen, dann müssen Sie auch mindestens täglich etwas Neues auf Ihre Website stellen. Das gilt vor allem für das Intranet. Viele Unternehmen haben für ihren Internet-Auftritt gar nicht den Anspruch, ständig neue Informationen bereitzustellen, weil sie gar nicht erwarten, dass die Besucher regelmäßig auf ihre Website zurückkehren, sondern nur bei gezieltem Informationsbedarf.

Ressourcen: Eine rund um die Uhr arbeitende, gut besetzte Online-Redaktion kann mehr schreiben und häufiger publizieren als eine einzelne Person, die vielleicht noch andere Aufgaben zu erfüllen hat.

Anspruch an die Qualität des Content. Was ist Ihnen wichtiger: Aktualität, das heißt in dem Fall schnelle Veröffentlichung oder Richtigkeit – dann kann das Überarbeiten und Nachrecherchieren länger dauern. Oft muss das ein Online-Redakteur im Einzelfall entscheiden – aber am besten auf der Grundlage eines Redaktionsleitbildes, in dem die Kriterien für sein Abwägen aufgezeichnet sind.

Die Diskussion über den Aktualisierungszyklus einer Website sollte also schon Teil der Konzeption sein – sonst kann weder die Qualität der Inhalte garantiert noch der tatsächliche Arbeitsaufwand berechnet werden.

Lösch- und Archivierungsprozess

In der klassischen Redaktion endet die Zuständigkeit der Redakteure im Prinzip mit der Drucklegung. Natürlich werden die Ausgaben gesammelt und archiviert – vielleicht auch in elektronischer Form, aber die Frage, was mit den Artikeln der alten Ausgabe passiert, ist meist nebensächlich. Für eine Online-Redaktion stellt sich diese Frage etwas komplexer und bedeutender dar: Was passiert mit Informationen, die nicht mehr auf der Website erscheinen sollen?

Der Redakteur kann sie – sofern er die Berechtigung hat – …

… **verschieben:** Er löscht den Artikel über das neue Produkt aus dem Bereich „Unsere Produkte", prüft, dass alle Links, die auf den Artikel verweisen, gelöscht werden, und stellt ihn in die Kategorie „Archiv". Damit hat er ihn zwar aus der aktuellen Navigation herausgenommen, aber nicht prinzipiell aus der Publikation. Der Leser kann ihn immer noch recherchieren und lesen.

… **archivieren:** Er nimmt den Artikel von der Website, überprüft die Links genauso wie beim Verschieben und stellt ihn in ein internes Archiv. Anders als beim Verschieben ist damit die Veröffentlichung beendet, der Leser kann auf den Artikel nicht mehr zugreifen. Wie dieses interne Archiv aufgebaut ist, ob es auf die Website beschränkt oder in einer Firmendokumentation eingebaut ist, muss genauso im Einzelfall entschieden werden wie die Frage, ob die Online-Redaktion für solche Aufgaben mit einem Archivar ergänzt wird. Die Verwaltung des Archivs mithilfe einer Datenbank

ist eine Kernfunktion der Content-Management-Systeme.

… **löschen:** Anders als bei der Printausgabe, bei der ein Artikel so lange greifbar ist, bis das letzte Exemplar im Papierkorb gelandet ist, bedeutet Löschen beim Web-Publishing, dass ein Artikel endgültig getilgt ist, das heißt nicht mehr existiert. Selbst wenn der Autor eine Version gespeichert hat, ist es sehr kompliziert zu rekonstruieren, ob der Artikel genauso auf dem Server stand. Die Informationen sind mit dem Löschen im Prinzip unwiderruflich verschwunden.

Für welche der Möglichkeiten sich der Redakteur entscheidet, hängt von der Architektur der Website, der Art der Artikel und den dokumentarischen Gepflogenheiten im Unternehmen ab. Eine öffentliche Archivierung eines Artikels ist vor allem dann sinnvoll, wenn sein Informationswert grundsätzlich hoch ist und er damit auch aus historischer Sicht interessant bleibt. Ein Artikel über ein neues Produkt wird sicher im Archiv zu finden sein, während eine Stellenanzeige nicht in diese Kategorie fällt. Ein Archiv-Bereich, der sich daher vor allem für Info-Sites eignet, erleichtert es, die Website aktuell zu halten, denn die Entscheidung, einen Artikel auf der Website zu verschieben, wird dem Redakteur leichter fallen als ihn dem Leser ganz zu entziehen.

Wenn bei der Konzeption auf ein öffentliches Archiv verzichtet wurde, bleibt dem Redakteur genau genommen nur noch die zweite Möglichkeit, nämlich den Inhalt zu archivieren, weil das „echte" Löschen faktisch keine Alternative darstellt. Auch wenn es auf den ersten Blick nicht unbedingt verlustbringend erscheint, Inhalte – vor allem kleinere Mitteilungen und Artikel mit beschränkter Geltungsdauer wie etwa Veranstaltungshinweise oder Stellenanzeigen – ganz zu löschen, sollte vermieden werden, da die Folgen nicht immer abzuschätzen sind und der Vorgang nicht reversibel ist. Dabei geht es nicht nur darum, dass der Inhalt für interne Zwecke weiter zur Verfügung steht – etwa als Informationspool, so ist es manchmal sogar ganz praktisch, zum Beispiel auf eine alte Stellenanzeige zurückgreifen zu können. Auch ökonomische Faktoren sind in Betracht zu ziehen, da die Inhalte, die oft kostenintensiv produziert wurden, entweder firmenintern weiterverwendet oder auch verkauft werden können.

Was wichtiger ist und leider im Zusammenhang mit der Internetpräsenz manchmal aus den Augen verloren wird, sind die rechtlichen Rahmenbedingungen. Viele Informationen einer Website dürfen nicht ohne Weiteres gelöscht werden, weil ihre Archivierung gesetzlich verpflichtend ist.

12. Arbeiten in der Online-Redaktion: Organisationshilfen

Auch wenn der Workflow in der täglichen Routine einen wichtigen Platz einnimmt und wichtige Prozesse innerhalb der Redaktion durch die Teamzusammenstellung strukturiert sind, sollte man auf einige zusätzliche Organisationshilfen nicht verzichten, die Reibungen oder Überschneidungen in der Tagesroutine vermeiden und so die Qualität des Produkts sichern. Konferenzen zu verschiedenen Anlässen und Themen sorgen vor allem für die ständige Kommunikation im Team und dienen außerdem der Qualitätsverbesserung. Die auf der Planungsebene angesiedelten Organigramme und Stellenbeschreibungen machen die organisatorischen Zusammenhänge der Redaktion sichtbar. So können etwa freie Kapazitäten und mögliche Organisationsmängel vermieden oder aufgespürt werden.

Die Themenkonferenz

Die Themenkonferenz findet üblicherweise ein Mal wöchentlich statt. Alle Redakteure versammeln sich, um die Themen für die nächste Zeit zu besprechen und festzulegen. Es wird diskutiert und entschieden, welchen Umfang, Inhalt und welche Gewichtung einzelne Themenblöcke haben sollen. Sobald die Themen bestimmt sind, werden sie an die einzelnen Redakteure verteilt. Auch die Anteile der Werbung und die Gewichtung der Rubriken werden in der Themenkonferenz festgelegt. So ist das Vorgehen der einzelnen Mitarbeiter frühzeitig definiert. Nicht zu empfehlen ist es, diese Entscheidungen der Redaktionskonferenz zu überlassen. Die Redaktionskonferenz bietet die letzte Möglichkeit zu entscheiden, Artikel oder Werbung nicht zu veröffentlichen. Dies sollte nur eine Notlösung sein. Denn das Zurückziehen von Werbung oder Artikeln bedeutet in den meisten Fällen verärgerte Mitarbeiter und Werbekunden. Außerdem bedeutet es die Verschwendung finanzieller Mittel, da viel Arbeit umsonst getan wurde.

Die Redaktionskonferenz

Die Redaktionskonferenz findet üblicherweise einmal täglich statt, da sie sich mit der täglichen Planung beschäftigt. Alle Redakteure stellen ihre Beiträge vor und geben sie zur Diskussion frei. Die Redaktion bespricht kritische Punkte und macht Verbesserungsvorschläge. Auch das Layout und der Umfang der einzelnen Beiträge werden festgelegt. Die Redakteure bestimmen, welcher Artikel ein Bild bekommt und welche Größe dieses Bild haben wird.

Sinn und Unsinn von Redaktionskonferenzen

Eine Redaktion ist ein Impulsgeber für neue Themen. Sie ist nicht auf Anregungen angewiesen, sondern ist aktiv – regt Diskussionen an und schafft durch neue Sichtweisen interessante Fragen. Das ist das Idealbild einer Redaktion. Die Realität ist davon weit entfernt.

Mangelnde Kommunikation, Konzeptionslosigkeit und mangelhafte Organisation sind die Folgen mangelhafter Redaktionskommunikation. Übrigens ergab die ContentStudie 2006/1, dass 70 Prozent aller Intranetredaktionen keine Redaktionskonferenzen durchführen. Bewerten Sie selbst.

Die Blattkritik

Die Blattkritik dient der Fehlerfindung und der konstruktiven Kritik. Die Redaktion diskutiert die letzte Online-Veröffentlichung und entwickelt Strategien, um die nächste Ausgabe zu verbessern. Eine große Hilfe sind Leserbriefe und sonstiges Feedback der User. Die überwiegende Zahl der Leserbriefe lässt sich als Blattkritik bezeichnen, da sich die meisten User auf einen Artikel oder die gesamte Website beziehen und diese positiv oder negativ bewerten.

Während einer Blattkritik ist darauf zu achten, dass nicht nur Kritik, sondern auch Lob für gelungene Beiträge ausgesprochen wird. Die Kritik sollte rein konstruktiv und darauf ausgerichtet sein, gemachte Fehler in der nächsten Ausgabe zu vermeiden. Kein Mitarbeiter geht gern zur Blattkritik, wenn er damit rechnen muss, in der Luft zerrissen zu werden. Die Analyse der Inhalte darf sich nicht auf Fehlerauflistungen beschränken. Sonst entsteht schnell ein Streit, der jegliche Verbesserung unterbindet. Es ist festzustellen, dass bei vielen Online-Redaktionen Themen- und Redaktionskonferenz zusammenfallen. Da Online-Redaktionen oft nur aus drei bis fünf Leuten bestehen, ist dies möglich. In einigen Fällen wird auch die Blattkritik integriert.

Checkliste: Konferenzen

Jede Konferenz benötigt einen bestimmten Termin. Die Themenkonferenz findet beispielsweise jeden Montag um 10 Uhr statt. So ist Regelmäßigkeit garantiert.

Die Konferenz sollte moderiert werden. Die Funktion des Moderators übernimmt meist der Chefredakteur/Content-Manager.

Bei Konferenzen sollte es eine Tagesordnung geben. Eine TOP-Liste, eine Liste mit den Tagesordnungspunkten, hilft dabei. Diese sollte den Mitarbeitern schon vorher bekannt sein.

Alle Konferenzen benötigen einen Protokollanten, der über alle Beschlüsse der Redaktion Protokoll führt. So lassen sich wichtige Punkte für alle ersichtlich und verbindlich festlegen.

Nach circa 45 Minuten konzentrierten Arbeitens lässt die Konzentration nach. Nach 45 Minuten sollte also eine Pause gemacht werden.

Getränke und Knabbergebäck verkürzen die Redaktionssitzung psychologisch für alle Beteiligten. Sie lenken nicht ab und befriedigen Bedürfnisse.

Konferenzen müssen störungsfrei ablaufen. Handys und sonstige Kommunikationsgeräte sollten abgeschaltet werden. Auch persönliche Probleme und Zwistigkeiten sollten vorher geklärt werden. Sie haben in einer Konferenz nichts zu suchen.

13. Recht und Online-Redaktion

Das Veröffentlichen im Internet selbst ist inzwischen ja recht einfach – allerdings voller juristischer Fallstricke. Die in Teilen unübersichtliche rechtliche Lage vieler Websites machen sich einige Juristen zunutze und überziehen Website-Betreiber mit einer Reihe von Abmahnungen. Um hier kein Risiko einzugehen, sollten Sie sich über die juristischen Regelungen informieren, die Ihre Website betreffen. Diese können je nach Art Ihres Angebotes, Ihres Themenkreises und der Gestaltung Ihrer Website so unterschiedlich sein, dass hier nur die Spitze des Eisbergs gezeigt werden kann. Für alles Weitere sollten Sie sich von einem Experten beraten lassen.

Dass das Internet rechtlich gesehen so etwas wie den Wilden Westen des Computer-Zeitalters darstellt, ist ein Mythos. Es herrscht hier kein rechtsfreier Zustand, vielmehr trifft man auf eine konkurrierende Gesetzgebung zwischen Bund und Ländern, zwischen nationalem Recht und internationalen Abkommen, zwischen deutschem Recht und dem von Drittstaaten und EU-Richtlinien. Warum trotzdem der Eindruck vom rechtsfreien Raum?

Das liegt in erster Linie daran, dass das Internet ein internationales Medium ist. Es eröffnet sich dadurch die Frage, welches Recht welchen Staates denn Gültigkeit hat. Wonach muss sich etwa ein in Deutschland ansässiger Anbieter, dessen Website schließlich weltweit abrufbar ist, im Wettbewerbsrecht richten? Nach deutschem Recht, nach jedem nationalen, nach dem Land, in dem sich der Server befindet, oder nach dem Recht des Staates, in dem der Firmensitz eingetragen ist?

Weil die Rechtslage für das Internet einem dynamischen Wandel unterliegt und weil unterschiedliche Rechtssysteme miteinander konkurrieren, ist Vieles, was darüber gesagt oder geschrieben wird, stets in Gefahr, zu veralten oder von den aktuellen Entwicklungen überholt zu werden. Deswegen kann Manches nicht definitiv oder nur durch den Verweis auf kommende Rechtsprechung und Präzedenzfälle beantwortet werden.

Allgemein ist festzustellen, dass sich neue und alte Gesetzgebung, die für das Internet relevant sind, mischen. Neben neuem Recht, wie dem Telemediengesetz, ist die alte Rechtsprechung weiterhin von Bedeutung. Das Gesetz gegen unlauteren Wettbewerb (UWG) hat nichts von seiner Gültigkeit eingebüßt, sondern muss nur in seiner besonderen Anwendung auf das Web (zum Beispiel wann ist Banner-Werbung erlaubt, wann nicht) modifiziert werden. Neue technische Entwicklungen und ihre Möglichkeiten des Missbrauchs, wie Linking, Online-Foren, Uploads, Meta-Tags oder Suchmaschinen, müssen demnach durch neues Recht oder auf Basis des bestehenden Rechts durch aktuelle Rechtsprechung der Gerichte durchleuchtet werden.

Das Presserecht fürs Internet: Das Telemediengesetz

Das Presserecht ist auf die Printmedien zugeschnitten. Deshalb wurde 1997 der Mediendienste-Staatsvertrag (MDStV) zwischen den Ländern und das Teledienstegesetz (TDG) vom Bund beschlossen. Sie regelten entsprechend dem Presserecht, dem Bildschirmtext- und dem Rundfunk-Staatsvertrag die rechtlichen Grundlagen für das neue Medium. Hier stehen vor allem Fragen der Haftung und der Verantwortlichkeit für Inhalte im Vordergrund. Doch die Trennung zwischen Medien-Staatsvertrag und Teledienstgesetz bewährte sich im Netz nicht, deswegen wurde seit April 2005 an einem neuen übergeordneten Gesetz – dem Telemediengesetz – gearbeitet.

Seit dem ersten Entwurf gab es Gegenwind. Als das neue Telemediengesetz schließlich Mitte Januar 2007 vom Bundestag verabschiedet wurde, wurden erneut kritische Stimmen laut. Und die Kritiker kamen aus den unterschiedlichsten Richtungen: Vertreter der Verbände der Internetwirtschaft, Datenschützer und Rechtsexperten – sie alle liefen Sturm und forderten Änderungen.

Dabei stand am Anfang ein Vorhaben, das auf positive Resonanz stieß. Die Bundesregierung wollte mit dem neuen Gesetz einen komplizierten Sachverhalt im Netz aufheben: Bisher unterstanden die Internet-Angebote dem Teledienste-Gesetz – und fielen damit unter Bundesrecht. Aber nur solange sie sich nicht „[…] in Text, Ton oder Bild […]" an die Allgemeinheit richteten. Dann galten für sie nämlich die Bestimmungen des Mediendienste-Staatsvertrags, den die Länder untereinander geschlossen hatten. Auf dem Papier mag eine solche Unterscheidung funktionieren, im Internet natürlich nicht. Wenn ein Online-Shop für Babyartikel (eigentlich Teledienst) einen Bereich mit Informationen für werdende Eltern eingerichtet hat (eigentlich Mediendienste-Staatsvertrag), ist fast nicht zu entscheiden, unter welche Zuständigkeit die Website dann fällt. Das verabschiedete Gesetz schafft nun einen neuen Bereich, der nur noch der Bundesgesetzgebung unterliegt: Die Telemedien. Aus dieser Kategorie ausgegrenzt werden die Telekommunikationsdienste und der Rundfunk. Aber auch das ist eine Grenzziehung, die nach Meinung der Kritiker zu Schwierigkeiten führen wird. Die Online-Übertragung von Rundfunkprogrammen und die Internettelefonie zählen zu den Telekommunikationsdiensten, das Angebot für den individuellen Abruf von Videos etwa gehört zu den Telemediendiensten – solange es sich nicht um einen Fernsehdienst handelt.

Inhaltlich neu sind die hohen Bußgelder für Spam-Mails. Bis zu 50.000 Euro sind vorgesehen, wenn Werbe-Mails mit Sender- und Betreffzeilen versendet werden, die deren kommerziellen Charakter verschleiern. Die Abwicklung der Spambeschwerden sollen Landratsämter und ähnliche Stellen übernehmen und die seien – so die Kritiker – heillos überfordert, wenn auch nur ein Bruchteil der Spam-Mails angezeigt werden würde. Erschwerend käme hinzu, dass die meisten Spam-Mails aus dem Ausland kommen, was die Behörden vor noch größere Probleme stellt.

Am stärksten in der Kritik steht eine Regelung, die den Umgang mit Nutzerdaten betrifft. Sie sieht vor, dass Internet-Provider und Website-Betreiber verpflichtet sind, auf Anordnung der jeweilig zuständigen Stellen Nutzerdaten preiszugeben. Eine richterliche Anordnung ist dafür nicht mehr nötig. Der Bund will mit dieser Regelung nach eigenen Angaben die Behörden im Kampf gegen den Terrorismus unterstützen. Die Gründe für die Herausgabe von Nutzerdaten sind Strafverfolgung, Gefahrenabwehr und Urheberschutz. Die Kritiker beanstanden die schwammige Formulierung des Gesetzes, die nicht nur der Behördenwillkür Tür und Tor öffnet, sondern es auch Privatleuten und Firmen ermöglicht, Nutzerdaten anzufordern, sofern es „zur Durchsetzung der Rechte am geistigen Eigentum erforderlich ist".

Impressumspflicht

„Anbieter von Telemedien, die nicht ausschließlich persönlichen oder familiären Zwecken dienen, haben folgende Informationen leicht erkennbar, unmittelbar erreichbar und ständig verfügbar zu halten", so beginnt §55 des neuen Telemediengesetzes. Landläufig wird darunter die Impressumspflicht verstanden. Neu ist jetzt, dass die Regelung einheitlich für alle Internet-Angebote gilt, die Unterscheidung zwischen Teledienstangeboten und Mediendiensten fällt weg. Die Diskussionen konzentrieren sich vor allem auf den Verlauf der Grenze des „Privaten". Gerade in der Blogger-Szene wird darum gerungen, ab wann eine Website nicht mehr ausschließlich persönlichen Zwecken dient. Ein korrektes Impressum auf Ihrer Website schützt Sie vor Ordnungsgeldern oder Abmahnungen. Ins Impressum gehören:

- Name und Anschrift
- Bei Personengesellschaften Namen und Anschrift der Vertretungsberechtigten
- Bei Websites „[…] mit journalistisch-redaktionell gestalteten Angeboten, in denen insbesondere vollständig oder teilweise Inhalte

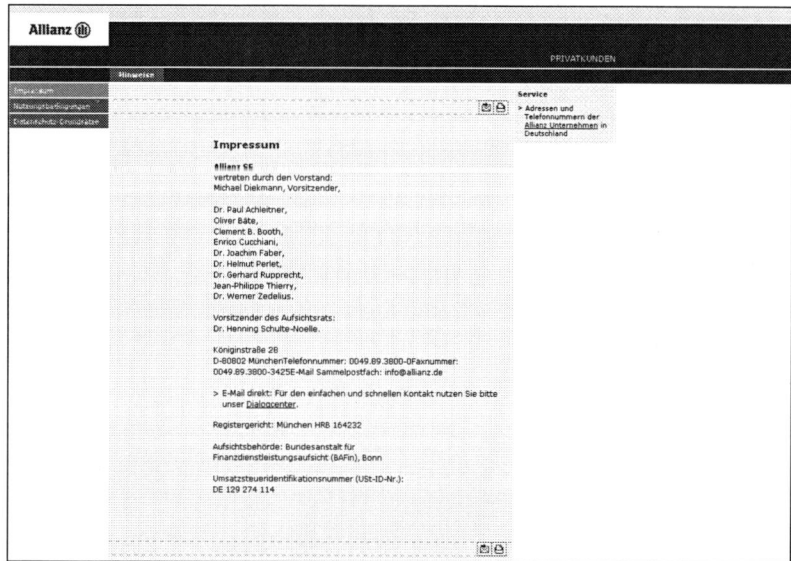

Abbildung 23:

Das Impressum der Allianz
(Quelle: www.allianz.de)

periodischer Druckerzeugnisse in Text oder Bild wiedergegeben werden [...]" Name und Anschrift des Verantwortlichen

Das Impressum darf nicht versteckt werden, sondern muss leicht zu erkennen, unmittelbar zu erreichen und ständig verfügbar sein. Am ehesten gelingt das, wenn auf jeder Seite einer Website ein Link zum Impressum führt.

Haftung

Jugendgefährdende, volksverhetzende, rassistische oder gewaltverherrlichende Sachverhalte rufen auch im Internet den Staatsanwalt auf den Plan. Rufschädigende Äußerungen können Klagen der Betroffenen provozieren. In erster Linie ist natürlich der Urheber solcher gesetzeswidriger Beiträge verantwortlich und muss die strafrechtlichen Konsequenzen tragen. Die Betreiber einer Website müssen aber dafür sorgen, dass

- zur Aufklärung beigetragen wird und
- strittige Beiträge gelöscht werden.

Erfolgt eine Löschung solcher Beiträge zu spät oder unterbleibt sie, dann muss für mögliche Schadensersatzforderungen aufgekommen werden.

Damit unterscheidet der Gesetzgeber zwischen zwei Arten von Providern: einerseits den Content-, andererseits den Access- und Host-Providern. Hierbei ist eine unterschiedliche Haftungspflicht vorgesehen, die den Content-Provider, also den Anbieter von Inhalten, als voll verantwortlich für seinen Web-Auftritt sieht. Die beiden anderen

Provider sorgen nur für den Zugang und haften deswegen nur eingeschränkt.

Vorsicht Hyperlink

Eine Website ist nur komplett mit Link-Sammlung oder im Text integrierten Links auf andere Internet-Seiten. Der falsche Hyperlink kann Sie aber in rechtliche Schwierigkeiten bringen. So wie die Verbreitung von kinderpornografischen, volksverhetzenden oder gewaltverherrlichenden Darstellungen verboten ist, so kann allein der Verweis per Link auf Internet-Seiten mit rechtswidrigen Inhalten strafbar sein. Er kann als Billigung, Anleitung oder Beihilfe zu einer Straftat interpretiert werden. Dafür drohen Freiheitsstrafen bis zu drei Jahren oder Geldstrafen. Allerdings ist umstritten, inwieweit derjenige, der den Link setzt, die Strafwürdigkeit der verlinkten Seite überprüfen muss und kann. Dieser Punkt birgt einige juristische Untiefen: Wie viel Arbeit mit den Links ist dem Autor zumutbar? Reicht es aus, die Inhalte der verlinkten Websites zum Zeitpunkt des Verlinkens zu prüfen oder muss er das immer wieder tun? Das Online-Magazin faz.net fordert in seinem redaktionellen Kodex für sich selbst ein, „dass gelinkte Seiten und Internet-Quellen einer über die übliche Sorgfaltspflicht hinausgehenden Prüfung unterzogen werden und dass die dort vorzufindenden inhaltlichen Angebote dem Kodex der Redaktion entsprechen".

Das Recht auf Gegendarstellung

Der Grundsatz der Gegendarstellung gilt für Mediendienste mit redaktionell-journalistischen Inhalten, die periodisch erscheinen. Ein periodisches Erscheinen ist auch dann gegeben, wenn der Text „ständig" präsent ist. Wichtig, aber nicht ganz eindeutig geklärt ist die Frage nach dem Ort der Gegendarstellung. Er soll mit der Tatsachenbehauptung unmittelbar verknüpft sein. Wurde die Behauptung also auf der Titelseite aufgestellt, muss dort auch die Gegendarstellung ihren Platz finden. Außerdem muss die Wahrnehmung eines flüchtigen Durchschnittslesers einkalkuliert werden. Ragt das Format einer WWW-Seite über die Bildschirmgröße nach unten hinaus, so darf die Gegendarstellung nicht im „unsichtbaren", sondern muss im oberen, gut sichtbaren Teil des Bildschirms platziert sein. Ungeklärt ist bisher, ob ein Link mit der Aufschrift Gegendarstellung, der zu einem ausführlichen Text führt, ausreicht. Beanstandete Behauptung und Gegendarstellung müssen in derselben Schriftgröße gehalten sein. Ist die fragliche Mitteilung aus dem Angebot des Mediendienstes herausgenommen worden, muss die Gegendarstellung an „vergleichbarer Stelle" angebracht sein, also dort, wo sich der ursprüngliche Text befand. Sie ist so lange vorzuhalten, wie der Betroffene es verlangt, höchstens aber einen Monat.

Die Rechte am Inhalt

Texte, Musik, Bilder, Audio- oder Videodateien und Animationen sind Grundbestandteile, aus denen sich eine Website zusammensetzen kann. Obwohl es allzu verlockend ist, Material im Internet zu recherchieren, und es auch kein Problem darstellt, es auf die eigene Festplatte zu kopieren, um es weiterzuverwenden, birgt eine solche Vorgehensweise rechtliche Risiken. Denn das Urheberrecht gilt im Internet auch ohne ausdrückliche Copyright-Vermerke oder Registrierung. Bei recherchiertem Material ist deshalb immer zu klären, ob es dem Schutz des Urheberrechts untersteht oder nicht, wenn man es verwenden will.

Die Digitalisierung von Fotos oder Texten, die nicht aus dem Internet stammen, ist urheberrechtlich genauso problematisch. Vor der Verwendung solchen Materials muss das Einverständnis des Urhebers eingeholt werden. Ihm steht das alleinige Recht zu, darüber zu entscheiden, ob sein Werk veröffentlicht wird, in welcher Art und Weise und ob dabei sein Name oder Pseudonym genannt werden muss. Die Rechte-Recherche ist allerdings zeitaufwendig. „Erfahrungswerte in der Praxis zeigen, dass bei einer Multimedia-Produktion mindestens 50 Prozent des Zeitbudgets für Rechteklärung und Lizenzeinholung veranschlagt werden müssen", lautet das Ergebnis der Clearingstelle Multimedia für Verwertungsgesellschaften von Urheber- und Leistungsschutzrechten (CMMV).

Was genießt einen juristischen Schutz?

Das Urheberrechtsgesetz aus dem Jahre 1965 schützt Werke der Literatur, Wissenschaft und bildenden Kunst. Sie müssen sich durch Originalität und Kreativität auszeichnen, von einer Person geschaffen sein und einen gewissen Umfang aufweisen. Geschützt ist dabei nur die Form (Zusammenstellung, Präsentation, Strukturierung), nicht aber die Idee oder Information. Frei verfügbare Ideen sind zum Beispiel wissenschaftliche Lehren, Werbemethoden oder Informationen, die Allgemeingut sind. Erst 70 Jahre nach dem Tod des Urhebers erlischt das Urheberrecht. Die Werke von Ernest Hemingway werden also erst 2031, die Lieder von Freddy Mercury 2061 frei verfügbar.

Der Urheberschutz gilt ohne formalen Akt, ohne Eintragung und Registrierung oder den Vermerk eines Copyrights.

Unter die Rubriken Literatur, Kunst und Wissenschaft fallen Sprachwerke, Musik, Bilder, Skulpturen, Fotos oder Filme. Neue Werkarten wurden seither unter diese Oberbegriffe subsumiert. Unter den Schutz fallen mittlerweile auch multimediale Produkte. Computer-Animationen werden als Werke der bildenden Kunst verstanden, Software und Schriftfonts als Sprachwerke. Bei Multimedia-Produkten, die Vieles verknüpfen, ist stets zu fragen, ob der Sprach-, Bild-, Film- oder Musikcharakter dominiert.

Verwertungsrechte

Der Urheber hat die Verwertungsrechte der
- Vervielfältigung
- Bearbeitung
- öffentlichen Wiedergabe
- Verbreitung

Als zusätzliche Urheberpersönlichkeitsrechte gelten das Entstellungsverbot und das Namensnennungsrecht.

Vervielfältigung

Im Zeitalter der Digitaltechnik sind besonders Akte der Digitalisierung von analogen Quellen sowie die Übertragung und Speicherung von digitalisierten Werken verwertungsrechtliche Handlungen. Als Vervielfältigung gelten im Computer-Zeitalter:

- die Digitalisierung per Scanner
- die Speicherung auf dem Server (Upload)

- der Abruf vom Speicher des Servers (Download)
- die Digitalisierung von Musik
- die Umwandlung in Text-Dokumente per OCR-Programm
- ein Ausdruck in Form einer Hardcopy

Vorsicht Hyperlink, die zweite

Auch mittels Link können Vervielfältigungen erstellt werden. Das ist vor allem beim so genannten Framing oder Inline-Linking der Fall. Beim Anklicken eines Links wird die verweisende Site nicht gänzlich verlassen, sondern die fremde Website erscheint innerhalb der Ausgangsseite. Das stellt einen Akt der Vervielfältigung einer Website dar. Betroffen ist hierbei das Namensnennungsrecht des Urhebers.

Die freie Abrufbarkeit von Daten im Web kann nicht als Zustimmung zum Setzen eines Links interpretiert werden. Manche Websites fordern in ihren rechtlichen Grundsätzen sogar, dass vor Setzen eines Links die Zustimmung des Betreibers eingeholt werden soll. Ob das rechtlich durchzusetzen ist, mag dahingestellt sein. Denn der technische Vorgang, durch den ein Link gesetzt wird, stellt an sich noch keine Vervielfältigung dar.

Rechtlich noch unklar ist, ob auch eine temporäre Speicherung wie die Proxy-Speicherung oder im RAM-Arbeitsspeicher durch den Browser beim Surfen, ja selbst die Bildschirmanzeige als Vervielfältigung definiert werden können. Wer sich aber im World Wide Web präsentiert, dem kann man unterstellen, dass er zu einer solch lokalen Speicherung sein Einverständnis gibt. Eine dauerhafte Speicherung ist zwar eindeutig ein Akt der

Vervielfältigung, kann aber analog zum bisher gehandhabten Recht verstanden werden: Solange die Kopie nur zu privatem und sonstigem eigenen Gebrauch verwendet wird, entstehen dadurch keine Probleme.

Bearbeitung

Ein Werk kann ohne Zustimmung des Schöpfers bearbeitet werden. Sobald die Bearbeitung aber veröffentlicht wird, ist diese Zustimmung einzuholen. Ausnahmen bilden verständlicherweise Software- und Film-Produkte. Sie dürfen natürlich nicht ohne Zustimmung bearbeitet werden. Wenn bei Multimedia-Werken laufende Bilder dominieren, kommt die Ausnahmeregelung des Films zum Tragen.

Öffentliche Wiedergabe

Dieses Recht ist beim Abruf urheberrechtlich geschützter Werke über das Internet betroffen. Ein Beispiel dafür ist das Internet-Radio.

Verbreitungsrecht

Damit ist das Recht gemeint, das Original oder Kopien eines Werks der Öffentlichkeit anzubieten oder in den Verkehr zu bringen. Davon betroffen sind vor allem Recherchedienste, die Informationen im Netz anbieten, aber auch zum Beispiel Anbieter von Video-on-Demand. Noch keine Verbreitung stellt allerdings die reine Datenübermittlung dar oder die Bereitstellung zum Download.

Geschützte und schutzfähige Elemente im Internet

Wer auf fremde Texte nicht verzichten kann, muss die entsprechenden Rechte direkt bei den Verlagen einholen und nicht bei der Verwertungsgesellschaft Wort in München. Ohne Einschränkung können jedoch Gesetzestexte, Gerichtsurteile sowie sonstige amtliche Dokumente verwendet werden. Auch Zitate, Stichworte und kurze Abstracts sowie das Literaturverzeichnis eines Textes sind frei verfügbar.

Unter den Texten sind im Internet folgende nicht geschützt:

- Navigationshinweise
- informierende, werbende oder hinweisende Texte
- Werbeslogans
- Gebrauchsanleitungen
- Formulare

Schutz genießen Texte im Internet auch, wenn Berichte und inhaltliche Aussagen mit Links, die als verweisende Quellen dienen, kombiniert werden.

Ist der Textklau offensichtlich, dann ist ein Vorgehen über das Wettbewerbsrecht möglich und erfolgversprechender als über das Urheberrecht.

Bilder und Fotos werden durch das Urheber- beziehungsweise das Leistungsschutzrecht geschützt. Der jeweilige Fotograf ist der Träger der dazugehörigen Rechte.

Sind auf den Bildern Personen abgebildet, werden deren Persönlichkeitsrechte tangiert. Es gilt das Recht am eigenen Bild, das im allgemeinen Persönlichkeitsrecht verankert ist und eine einfachgesetzliche Ausgestaltung im Kunsturhebergesetz (KUG) gefunden hat. Dementsprechend dürfen Bildnisse grundsätzlich nur mit der Einwilligung der abgebildeten Person verbreitet werden. Ausnahmen sind dabei sogenannte absolute und relative Personen der Zeitgeschichte, die die Veröffentlichung von Fotos hinnehmen müssen, wenn diese sie bei der Teilnahme am öffentlichen Leben zeigen. Absolute Person der Zeitgeschichte sind zum Beispiel Schauspieler, Wissenschaftler, Politiker oder Angehörige von Adelshäusern, die durch ihren Beruf oder ihre Herkunft sowieso im Blickpunkt der Öffentlichkeit stehen. Relative Personen der Zeitgeschichte sind Menschen, die durch ein besonderes Ereignis plötzlich in den Mittelpunkt des Interesses geraten (zum Beispiel die Feuerwehrmänner, die bei den Rettungsarbeiten am Ground Zero beteiligt waren).

Als technische oder wissenschaftliche Darstellung können Grafiken, Tabellen und Diagramme eigenen Schutz erlangen. Allerdings gilt dies nicht für Standard-Darstellungen, die nicht über eine bloße Aneinanderreihung von Daten in Spalten- und Zeilenform hinausgehen. Aufbau und Inhalt müssen kreativ und neu sein und schöpferische Eigenheit aufweisen.

Es ist davon auszugehen, dass in Zukunft die Tendenz, Videos, bewegte Film-Animationen und sonstige Bildsequenzen einzusetzen, zunehmen wird.

Bei Filmwerken gibt es aber eine Vielzahl an Rechteinhabern: Hersteller, Drehbuchautor, Regisseur, Schauspieler, Kameraleute und Musiker. Sie alle haben entweder Urheber- oder Leistungsschutzrechte am Film. Sollen Rechte erworben werden, ist der Filmhersteller an erster Stelle als Ansprechpartner zu nennen. Allerdings muss genau geprüft werden, ob er auch über alle benö-

tigten Verwertungsrechte verfügt. Vor allem die Musik zum Film ist meist ein eigenständig geschütztes Werk.

An den Rechtsstreitigkeiten um die Verwertungsrechte von MP3-Dateien im Internet, insbesondere im Fall Napster, ist abzumessen, welch wichtige Rolle das Urheberrecht in diesem Bereich spielt. Wie beim Film ist auch an einem Musikwerk meist eine Vielzahl an Urhebern beteiligt und hält dementsprechend Rechte: zuallererst Texter und Komponist, dann der Hersteller der Tonträger und der Verlag.

Verwertungsgesellschaften

Um bei der Nutzung von Urheberrechten nicht ständig verschiedene Urheber aufspüren zu müssen, springen Verwertungsgesellschaften (VGs) ein, die treuhänderisch Verwertungsrechte verwalten. Die GEMA hat das Recht, „Werke der Tonkunst in Datenbanken, Dokumentensysteme oder in Speicher ähnlicher Art einzubringen". Wer Musik über das Internet verbreiten will, muss eine Gebühr an die GEMA abführen. Gleiches gilt für Musik in Kombination mit anderen Werkarten, also Multimedia-Produkte. Hier muss allerdings der Rechteinhaber informiert werden, der dann selbst Verhandlungen führen kann. Musik-Downloads sind nicht durch die GEMA gedeckt.

VG Wort

Sie vergibt das Recht, „digitale Offline-Produkte (zum Beispiel CD-ROMs) zu vervielfältigen und zu verbreiten". Bei einer Verwendung auf einer Internet-Seite verbleibt das Recht aber beim Urheber.

VG Bild-Kunst

Seit 1994 liegen die digitalen Rechte bildender Künstler bei der VG. Bei Fotografen ist dies aber nur sehr eingeschränkt der Fall. Sie geben ihre Rechte nur für Bildungszwecke in Wissenschaft und Schulunterricht frei. Bei der Digitalisierung analoger Filme wurde das Recht auf die Nutzung in Datenbanken (On-Demand) zunächst an die VG abgetreten. Daraufhin kam es zu Auseinandersetzungen mit den öffentlich-rechtlichen Sendeanstalten, die dieses Recht für sich beanspruchten. Die folgende Regelung führte aber zu einer sehr uneinheitlichen Rechtslage in dieser Frage, da nun zum einen die VG Bild-Kunst, zum anderen aber auch die Sendeanstalten dieses Recht innehaben.

Als allgemeines Fazit ist festzuhalten, dass in Sachen der Digitalisierung von Werken die Rechtslage unübersichtlich, uneinheitlich, ja bisweilen sogar unsicher ist. Oftmals ist für den Content-Provider unklar, wo er sich die Lizenzen für die Verwertungsrechte besorgen muss.

Nutzungsrechte

Der Erwerb von Nutzungsrechten ist kein Kauf. Nur Eigentum kann veräußert werden. Das Urheberrecht bleibt aber beim Urheber eines Werks. Stattdessen wird das Nutzungsrecht per Lizenzvertrag erworben. Dabei ist es von Bedeutung, dass die Zwecke der Nutzung zuvor genau definiert werden, um den Umfang der Nutzungsrechte zu bestimmen. Abhängig von der Website muss der zeitliche und räumliche Umfang der Lizenz geklärt werden. Bei einer Site im WWW, die international abrufbar ist, ist es sinnig, den räumlichen Nutzungsumfang vertraglich auf weltweit

festzulegen. Bei der zeitlichen Dauer der Nutzungsrechte ist die Frage zentral, ob man tagesaktuelle Informationen braucht, die schnell wieder aus dem Angebot verschwinden, oder ob man die gekauften Inhalte im Archiv speichern will, um sie für einen längeren Zeitraum zu nutzen.

Beim Umfang der Nutzungsrechte ist entscheidend, ob man die Inhalte für die eigene Website benötigt oder sie gar gegen Entgelt Dritten zur Verfügung stellt. Auf jeden Fall ist es ratsam, sich die Exklusivrechte vertraglich einräumen zu lassen und die einzelnen Nutzungsarten wie online, CD-ROM, E-Book, DVD oder Audio-/Video-Dateien explizit zu erwähnen. Dies sind alles neue Nutzungsarten, die von den Verwertungsgesellschaften mit eigenen, neuen Tarifen belegt wurden. Allerdings ist ein so genannter Buyout, die Übertragung sämtlicher bekannter und unbekannter Nutzungsarten, nach deutschem Recht nicht erlaubt. Auch wenn solche Klauseln in Lizenzverträgen auftauchen, dürfen nur bestehende Nutzungsarten lizenziert werden. Tauchen neue Nutzungsarten auf, müssen diese nachlizenziert werden. Fotografen, die ihr Bildmaterial an Printmedien übertragen hatten, wurde für die Digitalisierung ihrer Bilder für Online-Versionen der Printmedien per Gerichtsentscheid eine Nachvergütung zugesprochen. Denn die digitale Verarbeitung der Bilder stellte eine neue Nutzungsart dar.

Unbedingt zu beachten sind auch Nutzungsrechteketten, die sich aufbauen, wenn die Lizenzverträge nicht direkt zwischen dem Urheber und dem Endnutzer geschlossen werden. Solche Ketten entstehen zum Beispiel, wenn der Urheber seine Rechte an eine Agentur weitergibt und diese wiederum an einen Webdesigner oder eine Online-Redaktion. Die Online-Redaktion übergibt dann die fertige Site an das Unternehmen, für das sie arbeitet, und das Unternehmen schließlich will seinen Kunden als Service Downloads anbieten. Bei einer solchen langen Kette muss überprüft werden, ob die Nutzungsrechte, die gebraucht werden, auch tatsächlich bei der Online-Redaktion liegen. Ansonsten besteht die Gefahr, dass man unwissentlich das Urheberrecht verletzt. Für solch einen Fall sollte man unbedingt zwei Klauseln bei der Übertragung der Nutzungsrechte im Vertrag einfügen. Zum einen sollte der unmittelbare Vertragspartner garantieren, dass er über die Nutzungsrechte verfügt und sie auch weitergeben darf. Zum zweiten sollte sich die Online-Redaktion beziehungsweise das Unternehmen, für das sie arbeitet, für etwaige Nachforderungen von Dritten freistellen lassen.

Werden die Inhalte von der Online-Redaktion neu geschaffen, muss im Lizenzvertrag mit dem Abnehmer (Unternehmen) Entsprechendes über Nutzungsrechte und -arten vereinbart sein. Sind freie Mitarbeiter in der Redaktion beschäftigt, müssen diese ihre Exklusivrechte an die Redaktion abtreten, damit hinterher das Produkt der fertigen Website überhaupt an den Auftraggeber weiterverkauft werden kann. Zuletzt ist noch zu prüfen, ob eingebundene Datenbanken urheberrechtlich freigeschaltet sind. Denn Datenbanken genießen, weil sie besonders investitionsintensiv sind, ebenfalls Schutz durch das Urheberrecht. Deswegen sollten in einem Datenbanklizenzvertrag die Nutzungsrechte geklärt sein: vor allem das Recht auf Abruf, Downloads und Vervielfältigung durch Speichern.

„Kreatives Gemeinschaftsgut" statt Urheberrecht?

Wenn jetzt immer mehr User selbst Inhalte ins Netz stellen, hat das auch Auswirkungen auf das Urheberrecht. Bisher stand in den meisten Fällen zwischen Autor und Veröffentlichung ein Verlag, der einen ausführlichen Lizenzvertrag entwarf. Während das Urheberrecht bisher ein Unternehmensrecht war, haben heute im Internet auch Privatpersonen täglich mit dem Urheberrecht zu tun. Etwa wenn sie ihre eigenen Bilder ins Netz stellen und auch freigeben. Oder Texte veröffentlichen, die sie auch gerne zum Beispiel zu Werbezwecken verbreiten wollen. Rein rechtlich wird bei jedem Austausch von Werken ein Lizenzvertrag abgeschlossen. In den 2.0-Alltag passen solche Einzelverhandlungen von Rechten nicht mehr. Sie werden von Kritikern als Kreativitätsbremse empfunden. Stattdessen setzten sich Standardlizenzen wie die „Creative Commons Public Licence" (kurz: Creative Commons oder CC) durch. Als Bausteinsystem angelegt, kann sich der Künstler aussuchen, welche Rechte er an seinem Werk freigibt. Es geht bei dieser Art der Kennzeichnung nicht darum, das Urheberrecht aufzugeben. Vielmehr kennzeichnet der Künstler oder Autor sein Werk mit einem bestimmten Symbol. Derjenige, der dieses Werk verwenden will, kann sich anhand des Symbols die Lizenz heraussuchen und prüfen, unter welchen Bedingungen er es verwenden kann. Wenn Sie ein Bild ins Netz stellen und mit der Lizenz „nd" versehen, dann darf Ihr Bild zwar woanders mit den richtigen Quellenangaben veröffentlicht, nicht aber bearbeitet werden. Das Urheberrecht bleibt erhalten und die Rechtssicherheit bleibt gewährt – ohne dass juristische Einzelverhandlungen geführt werden müssen.

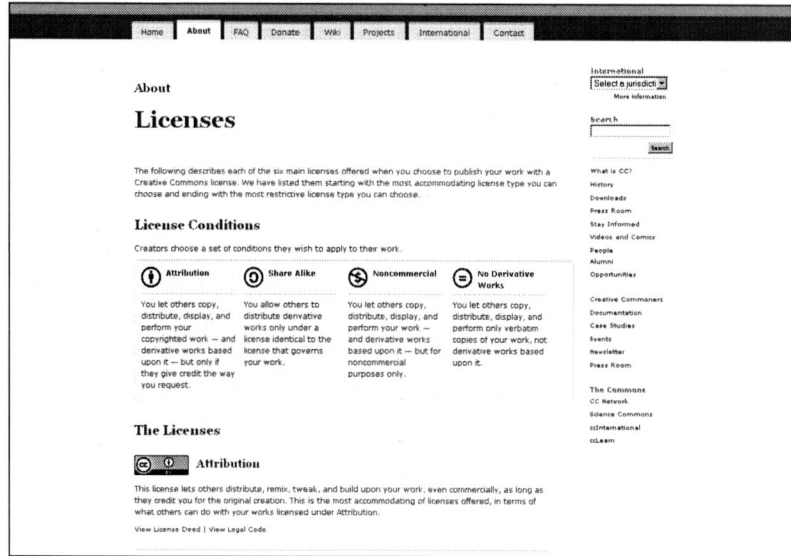

Abbildung 24:
Kleine Symbole kennzeichnen die unterschiedlichen Lizenz-Bausteine. (Quelle: http://creativecommons.org/about/licenses/)

Dadurch dass der Lizenztyp mit veröffentlicht ist, können Sie sich bei der Recherche viel Zeit ersparen. Praktischerweise können Sie nach Ton- und Bildmaterial mit bestimmten Lizenztypen suchen.

Checkliste: Verträge zur Nutzung von Urheberrechten

☐ Bevor Urheberrechte „erworben" werden, sollten Sie sich ganz genau überlegen, für welche Zwecke Sie sie einsetzen wollen, wie lange und für welchen Geltungsraum.

☐ Welche Werkarten (Text, Ton, Bilder usw.) sollen genutzt werden?

☐ Sollen Datenbanken eingebunden werden?

☐ Wer hat die Rechte (Verlage oder Verwertungsgesellschaften, der Urheber selbst usw.)?

☐ Gibt es Lizenzen?

☐ Welches der Urheberrechte wird benötigt (Vervielfältigung, Verbreitung, Bearbeitung oder öffentliche Wiedergabe)?

☐ Sollen nur Teile des Werks oder das gesamte Werk einbezogen werden?

☐ Wird das Werk verändert und bearbeitet oder in ursprünglicher Form eingearbeitet?

☐ Werden bei der Bearbeitung Formen der Kolorierung, des Samplings oder des Scannens eingesetzt?

☐ Gibt es Markenrechte?

☐ Welchen zeitlichen und räumlichen Umfang sollen die Nutzungsrechte beinhalten?

☐ Sind in den Vertrag Freistellungs- und Garantieklausel integriert?

Wettbewerbsrecht

Werbung

Werbung ist die große Einnahmequelle im Internet. Die Verbindung von nicht-kommerziellen und werbenden Inhalten muss aber fein austariert sein, um rechtlich nicht ins Schleudern zu kommen.

Für Werbung gibt es, vereinfacht gesagt, zwei Möglichkeiten. Entweder sie ist auf der Website direkt installiert oder sie wird per E-Mails ausgesendet. Die zweite Möglichkeit unterliegt strengen Kriterien. Die massenhafte Versendung kommerzieller E-Mails an Private ohne deren Zustimmung ist unzulässig. Wer dagegen verstößt, muss mit der Forderung auf Unterlassung und sogar auf Schadensersatz rechnen. Auf den Websites selbst sieht es in Sachen Reklame hingegen anders aus.

Kennzeichnung von Werbung

Für Mediendienste, bei denen redaktionelle Inhalte im Vordergrund stehen, gilt wie im klassischen Presserecht uneingeschränkt die Pflicht zur Trennung von Werbung und redaktionellem Teil. Diese Trennung der beiden Sphären muss klar erkennbar und durch entsprechende Hinweise gestaltet sein. Es dürfen auch keine sogenannten unterschwelligen Techniken eingesetzt werden. Das klingt bei der faz.net so: „Jegliche Art von E-Commerce-Einbindung in das Angebot (extern wie intern) wird als solche gekennzeichnet. Die Redaktion arbeitet unbeeinflusst von E-Commerce-Interessen und wird deshalb alle redaktionellen Inhalte kennzeichnen, die in kommerziellem Zusammenhang mit Interessen Dritter oder der Verlagsgruppe stehen." Das Trennungsgebot ist jedoch auf viele andere Mediendienste kaum übertragbar. Bei Web-sites, die Firmen repräsentieren, ist es in der Praxis nicht umzusetzen. Wie etwa soll im Internet-Portal der Bundesbahn zwischen Werbung und Inhalt unterschieden werden? Jedem User wird klar sein, dass das gesamte Angebot von der Werbung für das Unternehmen bestimmt ist.

Vor allem bei Banner-Werbung stellt sich die Frage, ob sie immer das Trennungsgebot erfüllt. Das hängt hauptsächlich damit zusammen, wo Banner platziert werden, in welchem Kontext sie sich also befinden. Oder anders formuliert: Befindet sich der Banner auf einer Seite, die überwiegend Informationen oder überwiegend Werbung bietet? Der User sollte auf Anhieb erkennen können, ob auf einer Site der Werbe-Charakter dominiert oder nicht. Deshalb findet sich in den Online-Pendants der Printmedien bisweilen über Bannern die ausdrückliche Kennzeichnung als „Anzeige". Auch die faz.net kennzeichnet Werbe-Banner explizit. Im redaktionellen Kodex heißt es dazu: „Die Redaktion stellt sicher, dass PR-Material für Bild-, Ton- und Videoangebote als solches gekennzeichnet wird." Zudem sollte auch der Anbieter des externen Angebots genannt werden.

Auf jeden Fall unzulässig sind auf werbliche Websites verweisende Hyperlinks in elektronischen Presseartikeln. Mediendienste, die ihre journalistischen Beiträge im Sachzusammenhang mit dem „Service" von externen Links zu Unternehmen garnieren, verstoßen gegen das Trennungsgebot. Zur Information und Sachaufklärung genügt es, wenn der Leser die Internet-Adresse des entsprechenden Unternehmens (ohne Verlinkung) im Artikel vorfindet. Eine Verbindung zum werbenden Unternehmen herzustellen, ist eine Marketingaufgabe des Unternehmens selbst. Im redaktionellen Kodex der faz.net heißt es dazu: „Links auf Seiten mit rein werblichem Inhalt werden nur insofern gelegt, als es der Information des Nutzers dienlich oder direkter Gegenstand der Berichterstattung ist."

Damit den Anforderungen Genüge getan wird, können folgende Optionen in Betracht gezogen werden:

- Ein Banner wird mit dem Hinweis „Anzeige" gekennzeichnet.
- Hyperlinks werden mit einem Text, der den Anbieter nennt, versehen.
- Es öffnet sich ein Alt-Text-Fenster, wenn der Mauszeiger auf ein externes Werbeangebot zeigt, und nennt den Anbieter.
- Suchmaschinen der Website müssen erkennen lassen, ob bestimmte Ergebnisse zu externen Anbietern führen.

Unzureichend sind pauschale Hinweise in den AGB oder auf der Site, dass es Weitervermittlungen gibt. Es darf auch nicht darauf verzichtet werden, den Server zu nennen, an den weitervermittelt wird. Unzulässig ist es, den Nutzer gar im Glauben zu lassen, er werde an ein Informationsangebot weitergeleitet, obwohl es sich um ein Werbeprodukt handelt.

Vorsicht Hyperlink, die dritte

Wie ein Hyperlink auf den Gebieten der Haftung und des Urheberrechts Probleme aufwirft, so ist er auch wettbewerbsrechtlich nicht völlig unproblematisch. Wenn Unternehmen ihre Homepage mit der eines anderen verlinken, kann dies nach dem Markengesetz als Benutzung einer fremden Marke

oder Bezeichnung gesehen werden und fällt damit unter die Rubrik des unlauteren Wettbewerbs. Dabei ist grundsätzlich nichts dagegen einzuwenden, dass solche Links gesetzt werden. Durch die Veröffentlichung im Internet gibt ein Unternehmen die eigene Seite für solch eine Verwendung sozusagen frei. Es kommt aber immer darauf an, auf welche Weise die fremde Web-Seite mit der eigenen kombiniert wird. Unlauterer Wettbewerb liegt zum Beispiel dann vor, wenn ein Wettbewerber seine Dienstleistungen und Waren mit der eines Konkurrenten in Verbindung bringt, um sich den guten Ruf der anderen Marke zunutze zu machen.

Hierbei gilt auch das Verbot der vergleichenden Werbung für das Internet. Preisvergleiche mit der Konkurrenz sind demnach unzulässig. So verbot das Oberlandesgericht Frankfurt am Main 1998 einer Krankenkasse, für sich mit einem Vergleich der Beitragssätze zu werben. Allerdings ist eine EU-Richtlinie in Arbeit, die eine Lockerung dieses Verbots vorsieht.

Auch Frames – beziehungsweise Inline-Linking – die bereits urheberrechtlich bedenklich sind, können wettbewerbswidrig sein. Denn dadurch, dass der Link nicht den Wechsel der Internet-Adresse anzeigt, kann dem User suggeriert werden, er finde das Angebot noch auf der ursprünglichen Site vor. Der tatsächliche Anbieter wird aber dadurch verschleiert. Unlauter ist es deshalb, weil durch Inline-Linking das Angebot der Konkurrenz zu eigenen Zwecken ausgenutzt wird. In anderen Staaten, vor allem aus dem anglo-amerikanischen Rechtsbereich, ist solch ein Vorgehen bei den Links als Irreführung untersagt.

Das sogenannte Deep-Linking wirft ebenfalls rechtliche Probleme auf. Unter Deep-Linking wird verstanden, dass ein Link nicht auf die Mutterseite einer Homepage angelegt wird, sondern direkt auf eine der Unterseiten, die die spezielle Information birgt. Problematisch wird es, wenn diese Links dazu benutzt werden, sich einen Vorteil auf Kosten anderer zu verschaffen.

Eine Möglichkeit, sich vor solchen wettbewerbswidrigen Links zu schützen, ist die ausdrückliche Formulierung von Bedingungen für eine Verlinkung: Man erlaubt zwar das Setzen von Links auf die eigene Website, fordert aber ein, dass sie einziger Bestandteil des Browser-Fensters ist. Eine weitere Forderung sollte sein, dass Informationen nicht verändert, Texte und Bilder ohne Zustimmung nicht vervielfältigt werden dürfen. Die Website der Allianz etwa formuliert hierzu: „Ein Link auf die Allianz Webseiten darf nur dann gesetzt werden, wenn er auf die Homepage www.allianz.com oder www.allianz.de zeigt (keine Deeplinks) und wenn dadurch keine Rechte der Allianz AG oder der anderen Gesellschaften der Allianz Gruppe verletzt werden, insbesondere Urheber-, Leistungsschutz- oder Kennzeichenrechte.“

Weiterführende Literatur

Fechner, Frank: Medienrecht, 9. Auflage 2008. Das einschlägige Handbuch für Nicht-Juristen! Mit 100 Seiten starkem Internet-Teil.

http://www.law-blog.de: Der Law Blog bietet allgemeinverständliche Kommentare zum Online-Recht, die um interessante Links ergänzt werden.

http://www.irights.info/: Die Plattform zum Urheberrecht in der digitalen Welt.

http://www.presserecht.de: Einschlägige Gesetzestexte über das Presserecht.

Die zehn größten Missverständnisse im Online-Journalismus

Es ging schneller als gedacht: Das Internet ist Leitmedium. Zum einen läuft es bei der Nutzungsdauer dem Fernsehen den Rang ab. Und das nicht nur bei der jüngeren Generation, gerade in der Altersgruppe von 25 bis 34 Jahren wächst die Internetnutzung dynamisch weiter. Zum anderen bei den Medien: „Online first" – lautet der Slogan bei den meisten Verlagen. Sie machten den Online-Auftritt zum Leitmedium: Zuerst kommt alles ins Netz – dann erst in die Printausgabe. Das sind wirklich neue Töne. Der Bedeutungswandel des Internets schlägt sich auch im Budget nieder – die Online-Redaktionen haben jetzt sicher mehr Geld als noch vor zwei Jahren. Der Wettbewerb, der dadurch entsteht – und durch viele Publikationsformen des Web 2.0 verstärkt wurde – hat sicher in vielen Bereichen die Qualität verbessert.

Aber einige Missverständnisse über die Arbeitsweise und die Qualität im Online-Journalismus halten sich hartnäckig. Hier aus meiner Praxis die Top Ten der Denkfehler:

1 … dass Print und Online im Prinzip gleich funktionieren.

2 … dass Suchmaschinenoptimierung nicht die Aufgabe eines Online-Redakteurs ist.

3 … dass man gute Websites ohne (schriftliche) Qualitätsvereinbarungen mit den Autoren machen kann..

4 … dass Journalisten Qualitätsgaranten sind und Blogger Publikationsterroristen.

5 … dass Online-Redakteure keine Kommentare zu lesen oder gar zu beantworten brauchen.

6 … dass eine Online-Redaktion ohne definierte Prozesse auskommt.

7 … dass das Web 2.0 eine Online-Redaktion entlastet.

8 … dass Text kein Wirtschaftsfaktor ist.

9 … dass das Internet eine unsichere „Recherchequelle" ist.

Doch das wichtigste Gebot zuletzt: „… dass alles so bleibt wie es ist und sich die neun genannten Missverständnisse nicht irgendwann widerlegen." Das Internet ist ein schnelles Medium – und seine Regeln ändern sich sicher stetig. Doch ich glaube, dass es zwei Fixpunkte gibt: Auch im Internet wird für einen Leser geschrieben – nicht für „das Netz". Und den Leser interessieren in erster Linie gut aufbereitete Inhalte, sonst ist er weg!

Bücher für Ihren Erfolg

Neu 2009

Eva Ruppert
Ihr starker Auftritt
188 Seiten • 17,90 Euro
ISBN 978-3-938358-90-0
Art.-Nr. 788

Neu 2009

Jens Kegel
Selbstvermarktung freihändig
242 Seiten • 24,80 Euro
ISBN 978-3-938358-83-2
Art.-Nr. 769

Topseller

Werth • Ruben • Franz
High Probability Selling
232 Seiten • 24,80 Euro
ISBN 978-3-938358-55-9
Art.-Nr. 730

Neu 2009

Busch • Kastner • Vaih-Baur
Die Kunst der Markenführung
160 Seiten • 17,90 Euro
ISBN 978-3-934424-81-4
Art.-Nr. 603

Neu 2009

Frank Reese
Web Analytics – Damit aus Traffic Umsatz wird
2. Auflage
287 Seiten • 34,90 Euro
ISBN 978-3-938358-71-9
Art.-Nr. 693

Godau • Ripanti
Online-Communitys im Web 2.0
214 Seiten • 34,90 Euro
ISBN 978-3-938358-70-2
Art.-Nr. 741

Kasperczyk • Scheel
Projektmanagement kompakt
110 Seiten • 21,80 Euro
ISBN 978-3-934424-92-0
Art.-Nr. 559

Neu 2009

Deckers • Heinemann
Trends erkennen – Zukunft gestalten
216 Seiten • 34,80 Euro
ISBN 978-3-938358-78-8
Art.-Nr. 756

Kalkbrenner • Lagerbauer
Der Bambus-Code – Schneller wachsen als die Konkurrenz
122 Seiten • 21,80 Euro
ISBN 978-3-938358-75-7
Art.-Nr. 755

Topseller

Anita Hermann-Ruess
Speak Limbic – Wirkungsvoll präsentieren
128 Seiten • 21,80 Euro
ISBN 978-3-938358-27-6
Art.-Nr. 625

Sonja Ulrike Klug
Konzepte ausarbeiten – schnell und effektiv
3. Auflage
127 Seiten • 21,80 Euro
ISBN 978-3-938358-82-5
Art.-Nr. 772

Topseller

Anne M. Schüller
Zunkunftstrend Empfehlungsmarketing
2. Auflage
141 Seiten • 21,80 Euro
ISBN 978-3-938358-63-4
Art.-Nr. 753

BusinessVillage – Update your Knowledge!

BusinessVillage – Update your Knowledge!

Edition Praxis.Wissen je 21,80 Euro *

Marketing

546	Telefonmarketing, Robert Ehlert; Annemike Meyer
566	Seniorenmarketing, Hanne Meyer-Hentschel; Gundolf Meyer-Hentschel
567	Zukunftstrend Kundenloyalität, Anne M. Schüller
574	Marktsegmentierung in der Praxis, Jens Böcker; Katja Butt; Werner Ziemen
612	Cross-Marketing – Allianzen, die stark machen, Tobias Meyer; Michael Schade
647	Erfolgsfaktor Eventmarketing, Melanie von Graeve
661	Allein erfolgreich – Die Einzelkämpfermarke, Giso Weyand
712	Der WOW-Effekt – Kleines Budget und große Wirkung, Claudia Hilker

Unternehmensführung

622	Die Bank als Gegner, Ernst August Bach; Volker Friedhoff; Ulrich Qualmann
634	Forderungen erfolgreich eintreiben, Christine Kaiser
656	Praxis der Existenzgründung – Erfolgsfaktoren für den Start, Werner Lippert
657	Praxis der Existenzgründung – Marketing mit kleinem Budget, Werner Lippert
658	Praxis der Existenzgründung – Die Finanzen im Griff, Werner Lippert
700	Bankkredit adieu! Die besten Finanzierungsalternativen, Sonja Riehm; Ashok Riehm
701	Das perfekte Bankgespräch, Jörg T. Eckhold; Hans-Günther Lehmann; Peter Stonn
755	Der Bambus-Code – Schneller wachsen als die Konkurrenz, Christian Kalkbrenner; Ralf Lagerbauer

Edition BusinessInside +++ Neu +++

693	Web Analytics – Damit aus Traffic Umsatz wird, Frank Reese, 287 S., 34,90 €
714	Professionelles Projektmanagement in Kultur und Event, Wolf Rübner; Ulrich Wünsch, 250 S., 24,80 €
741	Online-Communities im Web 2.0, Miriam Godau; Marco Ripianti, 200 S., 34,90 €
756	Trends erkennen – Zukunft gestalten, Ralf Deckers; Gerd Heinemann, 212 S., 34,80 €

BusinessVillage Fachbücher – Einfach noch mehr Wissen

598	Geburt von Marken, Busch; Käfer; Schildhauer u.a.; 39,80 Euro
679	Speak Limbic – Das Ideenbuch für wirkungsvolle Präsentationen, Anita Hermann-Ruess, 79,00 €
688	Performance Marketing, 2. Auflage, Thomas Eisinger; Lars Rabe; Wolfgang Thomas (Hrsg.), 39,80 €
771	Erfolgreich Selbstständig 2008/2009, Detlef Kutta; Karsten Mühlhaus (Hrsg.), 9,95 €
725	BrandNameChange, Hans H. Hamer, 49,00 €
745	Was im Verkauf wirklich zählt!, Walter Kaltenbach, 24,80 €

Sachbücher

603	Die Kunst der Markenführung, Carsten Busch; Sonja Kastner; Christina Vaih-Baur, 160 S., 17,90 €
700	Bankkredit adieu! Die besten Finanzierungsalternativen, Sonja Riehm; Ashok Riehm, 207 S., 24,80 €
730	High Probability Selling – Verkaufen mit hoher Wahrscheinlichkeit, Werth; Ruben; Franz, 228 S., 24,80 €
757	Die Exzellenz-Formel – Das Handwerkszeug für Berater, J. Osarek; A. Hoffmann, 300 S., 39,80 €
769	Selbstvermarktung freihändig, Jens Kegel, 240 S., 24,80 €
782	Außergewöhnliche Kundenbetreuung, Maria A. Musold, 224 S., 24,80 €
788	Ihr starker Auftritt, Eva Ruppert, 170 S., 17,90 €